Wir danken für die Unterstützung

www.sentieriossolani.ch

Bild Vorsatz: Von Trockenmauern eingefasstes
Wegstück am Monte Orfano.

www.as-verlag.ch

© AS Verlag & Buchkonzept AG, Zürich 2019
Gestaltung und Herstellung: AS Verlag & Grafik, Urs Bolz, Zürich
Lektorat/Korrektorat: Sandra Ryf, Bern
Druck und Einband: Kösel GmbH & Co. KG, Altusried-Krugzell
ISBN 978-3-906055-94-7

Der AS Verlag wird vom Bundesamt für Kultur mit einem
Strukturbeitrag für die Jahre 2016–2020 unterstützt.

Wanderregion OSSOLA und Simplon

40 Touren zwischen Brig, Monte Rosa
und Lago Maggiore

Peter Krebs

AS Verlag

INHALT

17 Vorwort
21 Einleitung

Über Stockalpers Steine
26 Gabi–Zwischbergen–Gattascosa–San Lorenzo 1 🔵

Es gibt immer einen Wanderweg
40 Varzo–Variolapass–San Bernardo–Passo di 2 🔵
Oriaccia–Zwischbergen

Heitere Tage von Alp zu Alp
54 Varzo–Alpe Veglia–Alpe Devero–Valle Antigorio 3 🔵
66 Rundwanderung Alpe Veglia 3A 🟢
66 Rundwanderung Pizzo Cazzola (Alpe Devero) 3B 🟢

Historisch ins Paradies
70 Baceno–Alpe Devero 4 🟠
78 Zu den Orridi bei Baceno 4A 🟢
80 Fondovalle–San Rocco/Baceno 4B 🟠
81 Rundwanderung Gli Orli, Rio della Valle (Alpe Devero) 4C 🟢
81 Rundwanderung zum Lago Poiala (Alpe Devero) 4D 🟠

Zwischen den Epochen
86 Domodossola–Monte Calvario–Villadossola 5 🟢
96 Preglia–Mocogna–Calvario–Domodossola 5A 🟢
96 Seppiana–Villadossola 5B 🟢
97 Domodossola–Moncucco–Villadossola 5C 🟠

Wo alle bequem, frei und leicht gehen
102 Domodossola–Bognanco Fonti–Torno 6 🟢
112 Torno–Bei–Alpe Lusentino–Domodossola 6A 🟠
112 Alpiano inferiore–Montecrestese–Pontetto 6B 🟢
114 Rundwanderung Masera 6C 🟢

Drei wiederbelebte Wege
118 San Lorenzo–Alpe il Laghetto–San Lorenzo 7 🔵
126 San Lorenzo–Pizzanco–Forno–San Lorenzo 7A 🟠
126 Camisanca–Forno–Alpe Scatta– 7B 🟠
Moncucco–Domodossola

🟢 Tagestour   🟠 Anspruchsvolle Tagestour   🔵 Mehrtägige Tour

Drei Tage, drei Pässe
130	Saas-Almagell–Antronapass–Cheggio–Fornalino–Bognanco	8	●
140	Variante Cheggio–Rifugio Alpe il Laghetto–Bognancotal	8A	●

Im Bann des Monte Rosa
142	Mattmark–Macugnaga–Carcoforo–Colle d'Egua–Pontegrande	9	●
155	Macugnaga–Belvedere–Lago delle Fate/Quarazza–Macugnaga	9A	●

Die grosse Strasse
158	Vanzone–Castiglione–Piedimulera/Pieve Vergonte	10	●
166	Piedimulera–Pieve Vergonte	10A	●
168	Ceppo Morelli–Pontegrande	10B	●
169	Castiglione–Seppiano	10C	●

Fantastische Aussichten
174	Stresa–Mottarone–Pettenasco	11	●
184	Pettenasco–Quarna Sotto	11A	●
184	Mottarone-Rundtour	11B	●
184	Stresa – Lesa	11C	●

Auf den Spuren eines Partisanen
188	Omegna–Quarna Sotto–Strona	12	●

Abgelegen nach Ornavasso
204	Strona–Alpe Quaggione–Ornavasso	13	●

Romantisch und wenig frequentiert
220	Forno–Campello Monti–Megolo di Mezzo	14	●
230	Rundwanderung Campello Monti 1	14A	●
230	Rundwanderung Campello Monti 2	14B	●

Der Stein des Waisen
232	Mergozzo–Monte Orfano–Mergozzo	15	●
240	Mergozzo–Cappella di Erfo–Rovegro–Santino–Intra	15A	●

Anhang
244 Bildnachweis
245 Der Autor

Blick vom Mottarone auf den Ortasee.

Moor und Felsen im Variola-Gebiet im Bognancotal.

Die Stadt Domodossola von Süden.

VORWORT

Das Ossolagebiet und seine herrlichen Wege hatten es mir schon lange angetan. Sie sind vom Norden mit dem Zug schnell zu erreichen und doch ganz Süden, ganz alpines Italien. Ich glaubte die Region zu kennen. Jetzt weiss ich, dass ich nichts wusste. Der vorliegende Wanderführer ist das Ergebnis intensiver Feld- und Büroarbeiten, die sich über zwei Jahre hinzogen. Von diesen Erfahrungen sollen die Leserinnen und Leser profitieren.

Die vierzig Wandervorschläge mit bis zu fünf Etappen decken viele Wünsche ab. Sie reichen von der anspruchsvollen Weitwanderung bis zur leichten Weinwanderung durch alte Rebberge. Man kann den Führer zur Hand nehmen, um einen beschwingten Tagesausflug zu planen, ebenso wie für ein mehrtägiges Trekking mit allem Drum und Dran. Weil sich etliche Routen zusammensetzen lassen wie die Schienen einer Modelleisenbahn, kommen auch die Liebhaber langer Touren auf ihre Rechnung (s. Einleitung).

Bei der Auswahl der Routen stand der Wandergenuss im Vordergrund. Neben der Schönheit der Land- und Ortschaften war die gute Beschaffenheit der Wege ein wichtiges Kriterium. Asphaltierten Strecken weiche ich möglichst aus. So wird dieser Führer einem hohen Qualitätsanspruch gerecht. Den Rest besorgen die Gipfel, Pässe, Seen, Wälder, Dörfer, Wasserfälle, Restaurants und Hütten sowie die vielen prächtigen Wege und Maultierpfade, die es zwischen Simplon, Monte Rosa und Lago Maggiore zu entdecken gibt.

Neben Wandervorschlägen in bekannteren Gebieten wie der Alpe Devero, der Alpe Veglia und Macugnaga finden weniger begangene, aber ebenso reizvolle Strecken im Val Divedro, im Bognanco-, Antrona- und Anzascatal sowie im Pomatt (Val Formazza) und im Antigoriotal Aufnahme. Im Süden reicht die beackerte Region über die sieben Ossolatäler hinaus. Sie bezieht das Val Strona, den Ortasee und den Monte Mottarone mit ein. Eine wichtige Rolle spielte der Anschluss an den öffentlichen Verkehr. Alle Start- und Zielorte sind per Bahn oder Bus erreichbar, wobei Domodossola oft Drehscheibe ist.

Herbstlicher Kastanienwald mit Trockenmauer bei Montecrestese.

Das Buch ist mehr als ein blosser Wanderführer. Die genaue Beschreibung der Strecken gehört selbstverständlich mit dazu. Die Wanderberichte und Hintergrundtexte geben darüber hinaus einen vertieften Einblick in die reiche Kultur und Geschichte, die das Eschental – so der alte deutsche Name – auszeichnen. Sie stützen sich zum Teil auf italienische Quellen, Personen und Ereignisse, die nördlich der Alpen kaum bekannt sind. So lernen die Leser, davon bin ich überzeugt, die Gegend besser kennen und schätzen. Denn es stimmt, was Goethe meinte: Man sieht nur, was man kennt.

Es gab auch Schwierigkeiten. Bei den Recherchen bin ich öfter an Strecken hängen geblieben, deren Zustand es nicht erlaubte, sie in den Führer aufzunehmen. Manche Erkundigungen entwickelten sich zu Feldversuchen, bei denen die gute Route erst nach mehreren Anläufen feststand. So schwankte der Gemütszustand zwischen Begeisterung und Ernüchterung. Doch Jammern hilft wenig, man muss handeln und die Situation durch praktische Arbeit vor Ort verbessern. Aus dieser Einsicht heraus entstand die Idee, am Unterhalt der Wege mitzuwirken. Sie ist inzwischen realisiert. Der 2018 gegründete Verein «Sentieri Ossolani» organisiert mit lokalen Partnern jedes Jahr Arbeitseinsätze mit Freiwilligen. Das vorliegende Buch stellt die Wanderwege im Ossola nicht nur vor, es gab auch den Anstoss dazu, einige wieder instand zu stellen.

Das Buch ist in 15 Kapitel gegliedert, die je eine Hauptroute mit Karte und Höhenprofil vorstellen. Dazu kommen insgesamt 25 Zusatzrouten. Sie sind jeweils im Infoteil jener Hauptroute zu finden, in deren Nähe sie liegen und mit der sie sich häufig kombinieren lassen. Während die Hauptrouten mit blossen Zahlen nummeriert sind, tragen die Zusatzrouten zusätzlich Buchstaben (siehe Übersichtskarte Seiten 8/9).

Peter Krebs, Bern 2019

Oben: Wasserleitung zum Brunnen des Rifugio di Gattascosa.
Unten: Alte Steintreppe bei Baceno.

EINLEITUNG

Die Region

Das Ossolagebiet (l'Ossola auf Italienisch) ist der nördlichste Teil der Provinz Verbano-Cusio-Ossola (VCO), die zur Region Piemont gehört. Es steckt wie ein Keil zwischen dem Wallis und dem Tessin und reicht vom Simplongebiet bis zum Lago di Mergozzo. Sieben Gebirgstäler zählen dazu. Hauptfluss ist der Toce, der zunächst durch das Pomatt und das Antigoriotal fliesst und dessen Lauf im Lago Maggiore endet. Unterhalb von Crevoladossola bildet er ein breites Becken. In dieses münden am östlichen Rand auch das Valle Isorno und das Vigezzotal mit der Centovallibahn ein. Vom Simplon her ergiesst sich die Diveria in die Ebene und von Westen bei Domodossola aus dem Bognancotal die Bogna. Weiter im Süden bei Villadossola bzw. Piedimulera schliessen sich zwei weitere Westtäler an: das Valle Antrona und das Valle Anzasca, das sich bis Macugnaga erstreckt. Noch südlicher liegt das kurze Val Strona. Es gehört nicht mehr zum Ossola, wird aber in diesem Wanderführer berücksichtigt, ebenso wie der Monte Mottarone zwischen dem Lago Maggiore und dem Lago d'Orta.

Die Region ist im Norden hochalpin. Die Höhenunterschiede vom Talboden zu den zahlreichen Pässen und Alpen sind gross, die Flanken oft steil. Bei Macugnaga grenzt die Provinz an den Monte Rosa mit der Dufourspitze, dem höchsten Schweizer Gipfel. Seine Ostwand ist die höchste der Alpen. Das nördliche Eschental ist reich an Seen, Bächen und Wasserfällen. Im Winterhalbjahr fällt viel Regen und Schnee, im Frühling sind die Wildbäche oft reissend. Gegen Süden nimmt die Höhe der Gipfel ab, das Klima wird in Seenähe milder. Die Topographie bleibt aber gebirgig. Die Abwanderung aus den Tälern prägt die alte Kulturlandschaft. Bis auf 1800 m ü. M. hat der Wald viele Alpen, Wiesen und Terrassen zurückerobert.

Geeignete Jahreszeiten

Die topographischen und klimatischen Unterschiede beeinflussen die Wandersaison. Im Norden sind die hohen Pässe manchmal erst

Gletscherpfannen im Bett des Toce unterhalb von Baceno.

ab Mitte Juni schneefrei. Im Süden kann man früh im Frühjahr losziehen. Der Herbst ist auch im Ossola eine goldene Jahreszeit. Allerdings schliessen die Hütten oft schon in der ersten Septemberhälfte. Die einfachen «Talwanderungen» können auch ausserhalb der Hauptsaison unternommen werden.

Die Wege

Das Eschental zeichnet sich durch ein dichtes, historisch gewachsenes Wegnetz aus. Es diente der Landwirtschaft, dem Bergbau, dem Handelsverkehr und dem Militär. Viele Wege sind in der Art von Saumpfaden mit Steinplatten und Trockenmauern befestigt und heissen dann *mulattiere*. Zustand und Markierung sind unterschiedlich. In den höheren Zonen und auf bekannten Routen sind Qualität und Unterhalt meist sehr gut. Auf anderen Strecken gibt es Abschnitte, die schon länger nicht mehr gesäubert und signalisiert wurden. Nicht alle auf der Karte verzeichneten Wanderwege sind ohne Weiteres begehbar. Dieser Führer weist auf Schwierigkeiten hin und sorgt mit genauen Beschreibungen für Sicherheit.

Bahn, Bus und Taxi

Bahn Domodossola, die Drehscheibe für den öffentlichen Verkehr, ist von der Schweiz gut und rasch mit Intercityzügen zu erreichen. Die BLS bietet zudem von Bern aus Direktverbindungen im Zweistundentakt mit dem Regio-Express Lötschberger. Sie verkehren auf der etwas längeren, aber attraktiven Stammlinie über den Lötschberg und nicht durch den Basistunnel und bedienen auch die Stationen Iselle di Trasquera, Varzo und Preglia südlich des Simplontunnels. Von Domodossola führen drei Linien weiter. Jene nach Mailand erschliesst das Haupttal und die Region Stresa/Mottarone am Lago Maggiore. Die Linie nach Novara führt ebenfalls (meist auf der rechten Seite) durch das Haupttal nach Omegna und an den Ortasee. Mit der Centovallibahn gelangt man durch das Valle Vigezzo nach Locarno. Das Fahrplanangebot Richtung Mailand und Locarno ist ordentlich, Richtung Novara ist es am Morgen sehr eingeschränkt.

Busse Die zentrale Busstation befindet sich vis-à-vis des Bahnhofs Domodossola. Die Comazzi-Busse versorgen die Täler (Formazza-Antigorio, Bognanco, Antrona, Anzasca). Ausserdem gibt es

Domodossola ist das Drehkreuz für Bahn und Bus.

Kurse in die Dörfer in der Ebene (Circolare Nord und Sud) und in die Gemeinde Crevoladossola. Einzelne Verbindungen werden nach Omegna und Novara angeboten. Gegenüber dem Sommer- hat der Winterfahrplan ein reduziertes Angebot (er gilt von der zweiten September- bis in die zweite Juniwoche). Die Anzahl der Kurse ist generell eher knapp. Am Sonntag fahren z. B. keine Busse ins Antronatal; ins Bognancotal nur im Sommer (Stand 2019). Ein Teil des Angebots beschränkt sich auf die Schulzeit («scol» im Fahrplan; «ES», wenn diese Schulkurse am Samstag ausfallen; «fer» steht für «feriale», also Werktag inkl. Samstag). Der «Prontobus» sichert vom Bahnhof Varzo aus im Sommer ein minimales Angebot nach San Domenico (Alpe Veglia) und zur Alpe Devero, mit Anschluss an die BLS-Züge in Varzo. Eine zweite Linie verkehrt zwischen Baceno im Antigoriotal und der Alpe Devero. Einzelne Kurse muss man wie beim Rufbus telefonisch bestellen (+39 338 878 03 86). Zwischen Brig und Domodossola besteht zusätzlich zur Bahn eine Postautoverbindung über den Simplonpass. Das Unternehmen VCO-Trasporti bedient die Region von Verbania/Intra und Omegna inklusive des Stronatals. Es bietet ausserdem direkte Verbindungen von Domodossola nach Verbania an.

Taxi Zur Ergänzung kann das Taxi nützlich sein. Domodossola: Taxi Salvo +39 328 656 87 49 (mit Kleinbus für Gruppen); Enzo de Marco +39 347 927 68 37; Omegna: Bruno Verbania +39 377 464 78 03; Taxi Tino +39 340 287 62 11.

Internetadressen/Fahrpläne BLS/Schweizer Bahnen: bls.ch und sbb.ch; Comazzi: comazzibus.com; Prontobus: valdivedro.it/prontobus-varzo; VCO-Trasporti: vcotrasporti.it; die wichtigsten Busverbindungen ab Domodossola und der Prontobus sind im Online-Fahrplan der Schweizer Bahnen aufgeschaltet.

Unterkunft

Bei den Bergunterkünften unterscheidet man in Italien zwischen bewarteten Rifugi und unbewarteten Bivacchi. Letztere sind von unterschiedlicher Qualität. Sie haben den Nachteil, dass man mehr Gepäck fürs Essen, Kochen und Schlafen mitschleppt. Mit der Ausnahme des Bivacco Cingino (Wanderung 8) setzt dieser Führer ausschliesslich auf bewartete Häuser. Die Reservation sollte in jedem Fall getätigt werden. Im Serviceteil sind in den Etappenorten die möglichen Unterkünfte angegeben. Für Domodossola, den Ausgangspunkt etlicher Wanderungen, findet man ein Verzeichnis der Hotels und Gastbetriebe im Internet unter prodomodossola.it.

Die Pensione Fattorini auf der Alpe Devero.

Karten

Für das Wandern in der Region sind Karten im Massstab 1:25'000 empfehlenswert. Das entsprechende Schweizer Kartenwerk reicht nur knapp über die Grenze. Es gibt aber gute italienische Karten des italienischen Alpenclubs CAI. Die benötigten Blätter sind bei den Wanderungen angegeben. Beziehbar sind sie im Buchhandel. In Domodossola findet man sie in der Buchhandlung Grossi an der zentralen Piazza Mercato und im Ufficio Turismo beim Bahnhof. Diesen Karten sind auch die Wegnummern entnommen, die in Klammern in den Wegbeschreibungen angegeben sind (z. B. A20). Im grenznahen Gebiet sind auch vier Schweizer Wanderkarten nützlich: 274 T Visp, 275 T Valle Antigorio, 284 T Mischabel und 285 T Domodossola.

Weiterwandern

Viele Wandervorschläge lassen sich kombinieren und zu längeren Touren ausbauen. Auf diese Möglichkeit weist jeweils das Stichwort «Weiterwandern» hin. Durch das modulartige Verbinden von mehreren beschriebenen Strecken und Teilstrecken ergeben sich zudem sehr attraktive Weitwanderungen von bis zu elf Tagen, die dieser Führer hier als zusätzliche und exklusive Dienstleistung zusammenstellt (für Übernachtungen/Etappen die Angaben in den entsprechenden Wanderungen konsultieren):

Gabi – Varzo – Devero – Saley – Antigoriotal (6 bis 11 Tage) Vorschlag Nr. 1 von Gabi bis Zwischbergen; Nr. 2 von Zwischbergen nach Varzo (umgekehrt zur Wegbeschreibung); Nr. 3 von Varzo via Alpe Devero ins Antigoriotal (mit Verlängerungsmöglichkeit am Anfang von Brig nach Gabi und von der Alpe Devero ins Bedrettotal bzw. nach Binn, s. Hinweise in Nr. 1 und Nr. 3).

Mattmark – Macugnaga – Val Baranca – Pontegrande – Seppiana – Domodossola (6 bis 7 Tage) Nr. 9 von Mattmark via Macugnaga und Carcoforo nach Pontegrande; Nr. 10 Abschnitt Pontegrande bis Castiglione; Nr. 10c von Castiglione nach Seppiana; Nr. 5b von Seppiana bis Kreuzungspunkt unterhalb von Colletta; Nr. 5 via Sogno nach Domodossola (umgekehrte Richtung).

Stresa – Mottarone – Pettenasco – Quarna – Strona – Ornavasso (6 bis 7 Tage) Nr. 11 von Stresa via Monte Mottarone nach Pettenasco; Nr. 11a mit dem Schiff über den See via Ronco nach Quarna Sotto; Nr. 12 ab Quarna Sotto nach Strona; Nr. 13 von Strona nach Ornavasso.

Preglia – Mocogna – Seppiana – Castiglione – Pieve Vergonte (4 Tage) Nr. 5a von Preglia bis San Defendente oberhalb des Sacro Monte; Nr. 5 bis unterhalb Colletta (Etappenhalt z. B. in La Tensa, s. Nr. 5), Nr. 5b nach Seppiana (umgekehrte Richtung); Nr. 10c von Seppiana nach Castiglione (umgekehrte Richtung); Nr. 10a Abschnitt von Castiglione nach Pieve Vergonte.

Über Stockalpers Steine

Gabi – Zwischbergen – Gattascosa – San Lorenzo

1

Von Gabi aus erreicht man über den Monscerapass das Bognancotal. Es ist eine Variante des Stockalperwegs, die im Mittelalter auch der Papst benutzt haben soll. An beiden Tagen laden Gletscherseen zum Rasten und Baden.

Das Gasthaus in Gabi, vor dem das Postauto hält, ist seit Jahren zu. Als es noch in Betrieb war, behauptete ein Werbeschild, Napoleon habe hier für fünf Francs ein Glas Milch getrunken, was natürlich Habakuk war. Der Korse hat die alte Simplonpassstrasse zwar in Auftrag gegeben und bezahlt, aber nie selber benutzt. Dafür waren früher andere Berühmtheiten zu Fuss in der Gegend unterwegs gewesen. 1275 kehrte Papst Gregor X. über den Simplon heim nach Rom, nachdem er die Kathedrale von Lausanne feierlich eingeweiht hatte. Ihn beeindruckten die gefährlichen Stege in den «Briger Bergen», denen er sich aussetzte – *discriminosis Montis Brigae pontibus se exponens,* steht im Itinerar. Die Notiz über das Abenteuer des Pontifex ist das erste Reisezeugnis vom Simplon. Gabi ist eine kleine Ortschaft auf der Südseite des Simplonpasses, wo der Krummbach eine scharfe Biegung macht und sich der Stockalperweg aufteilt. Nach Osten führt der Hauptstrang als eine Art Abenteuerweg durch die Gondoschlucht weiter: Er geht über die Galerien der Autobahn, benutzt Leitern und durchquert einen alten Festungsstollen. Der vorliegende Vorschlag wählt die Variante, die südwestlich davon über den Furggupass Zwischbergen erreicht.

Stockalper und sein Mischkonzern

Natürlich hat auch Kaspar Stockalper (1609–1691) den Simplonpass begangen. Schliesslich hatte er den Saumpfad ab 1630 zur europäischen Transitroute ausgebaut. Sie war das Rückgrat für sein Handelsimperium, das sich von der Adria bis nach Flandern erstreckte und ihn zum reichsten und einflussreichsten Walliser machte. Der Sohn aus einer angesehenen bürgerlichen Familie war eine machtbewusste, barocke Persönlichkeit mit vielen Talenten. Er beherrschte sechs Sprachen, hatte Beziehungen zu den Herrscherhäusern in Mailand, Savoyen, Antwerpen und zum Königshof in Paris. Geschickt

Namenloser Bergsee unterhalb des Dosso.

spielte er die Interessen der um die Vorherrschaft in Norditalien rivalisierenden Mächte Spanien und Frankreich gegeneinander aus – und hielt sich neutral heraus. Handel statt Händel lautete seine Devise. Statt als Kriegsherr Soldaten in die Schlacht zu führen, vermietete er Söldner und machte damit gutes Geld. Wie mit vielem anderem. Er betrieb Bergbau, verkaufte Terpentinöl sowie Schnecken nach Frankreich. Geld säen, um mehr davon zu ernten: Nach diesem Prinzip handelte der «König vom Simplon». In einer Zeit, als der Adel noch vornehmlich von den Erträgen aus Ländereien, staatlichen und kirchlichen Pfründen lebte, erkannte er das Prinzip der Marktwirtschaft und setzte es in die Tat um. Den Simplon machte er über die Grenzen hinaus bekannt, als er 1634 die mit dem König von Frankreich verwandte Prinzessin von Carignan samt Gefolge sicher nach Domodossola geleitete.

Mit seinem internationalen Mischkonzern brachte er ganzen Berufsständen Verdienst. Das Städtchen Brig blühte auf, wurde im Dreissigjährigen Krieg zum reichen und weltoffenen *Briga diversis*. Aber er schuf auch Abhängigkeiten. «Die Liste jener Leute, welche bei Stockalper Schulden hatten, ist unendlich lang», urteilt der Historiker Hans Steffen. Als Darlehensgeber kannte Stockalper kein Pardon. Wer mit dem Begleichen der hohen Zinsen in Verzug war, musste die Pfandwerte abtreten. So mehrte er seinen Besitz und stufte andere Besitzer zu Pächtern herab. Er prellte Söldner um ihre Ansprüche, bestach Beamte. Aber «er war, wie es sich für einen grossen Herrn jener Zeit gehörte, sehr freigiebig bei der Vergabe von Kirchenschmuck und wohltätigen Stiftungen», merken die Kunsthistoriker Martin Fröhlich und Walter Haab an. Er stiftete das Jesuitenkollegium und das Kloster St. Ursula in Brig. Grosszügig war er auch zu sich selber. *Sospes lucra carpat:* Gottes Günstling soll die Gewinne abschöpfen, lautet eine Inschrift im Dreikönigssaal des Stockalperschlosses. Es ist ein Anagramm, das aus den gleichen Buchstaben besteht wie der latinisierte Name des Schlossherrn: Casparus Stocalper. Dieser erachtete sich selber als Gottes Günstling, der nach dem Verlassen des Diesseits auf direktem Weg das Paradies betreten würde.

Oben: Zwischen dem Tschawinersee und der Bocchetta di Gattascosa.
Unten: Die Lärchen spiegeln sich im Lago di Arza.

Dass Gott auf der Seite der Tüchtigen und Wohlhabenden stehen soll, war ein erstaunlich calvinistischer Gedanke für einen Katholiken. Er zeigt, wie eng verflochten bei ihm Glaube und Geschäft, irdischer Reichtum und das Seelenheil waren. Der Papst ernannte ihn zum Ritter vom Goldenen Sporn, Kaiser Ferdinand III. erhob ihn in den Adelsstand. 1670 wurde er Landeshauptmann, er war auf dem Höhepunkt seiner Macht. Er stand gleichzeitig der Regierung, dem Parlament und der Judikative vor. Als Autokrat residierte er in Brig im eigenen Schloss mit den drei Zwiebeltürmen, Zeichen der Dreifaltigkeit, an die er glaubte, und er liess sich hoch zu Ross abkonterfeien. Umso tiefer war sein Fall. 1677 beschuldigte ihn eine Anklagebehörde, das Salzmonopol zu missbrauchen, sowie weiterer Vergehen. Seine Feinde hatten sich zusammengeschlossen, die öffentliche Meinung war gegen ihn aufgebracht. Der Landrat – die meisten Mitglieder standen bei Stockalper in der Kreide – enthob ihn aller Ämter und beschlagnahmte seinen Besitz im Wallis, der zu diesem Zweck geschätzt wurde: auf 2 200 200 Walliser Pfund, ohne das Schloss. Eine Magd in seinem Haus hätte für diesen Betrag 360 000 Jahre lang arbeiten müssen. Der Entmachtete floh zwei Jahre später über den Simplon nach Domodossola, wo er Güter besass, um wenigstens seine Haut zu retten. Fünf Jahre später, nachdem sich die Gemüter zu Hause beruhigt hatten, kehrte er nach Brig zurück und leistete Abbitte. Den Rest seines Lebens verbrachte Stockalper auf seinem Schloss, ohne je wieder die alte Macht zu erreichen. Aber auch am Simplon wurde es ruhig.

Zwei Pässe und eine Hütte

Beim Aufstieg von Gabi zur Furggu verstummt nach und nach der Lärm der Motorräder. Im Westen wird der Blick frei auf das Fletschhorn und das Lagginhorn, die zwei prächtigen Schneeberge, die den Simplon dominieren. Nach zwei Stunden ist man im Zwischbergental, wo bis im 19. Jahrhundert in den Minen von Brandwald Gold abgebaut wurde. Ab den 1960er-Jahren war das Tal von einer starken Abwanderung betroffen. Lukas Escher ging den umgekehrten Weg. Der Enkel von Bundesrat Josef Escher pachtete 1979 als «Stadtflüchtling» die Alp Waira. Er hielt Kühe und Ziegen und produzierte nach traditioneller Methode über dem offenen Holzfeuer würzigen Alp-

Landschaft am Fuss des Dossaiolo.

käse. Dazu brauchte er eine Sonderbewilligung, denn dieses Verfahren entspricht nicht den Hygienevorschriften der modernen Agrikultur. Später übernahm Escher das von der Schliessung bedrohte Berggasthaus Zwischbergen, am Ende der Postautolinie. Inzwischen hat er beides aufgegeben. Anfang 2019 war die Zukunft von Alp und Restaurant ungewiss.

Für den weiteren Weg in den Süden kommen zwei Varianten infrage. Jene über den Monscerapass ist direkter. Sie kommt nach der Passhöhe am Lago di Monscera vorbei, wartet mit Alpenrosen und Wollgras auf und ist sowieso schön. Noch viel schöner ist aber der längere Übergang hinter den Bergen. Man steigt via Alp Waira zum Tschawinersee hoch, sucht sich den Weg zwischen kleineren Seen und abgestürzten Felsen zur Bocchetta di Gattascosa und erreicht bald darauf dasselbe Rifugio. Abgelegen und solid steht es zuoberst im Tal des Rio Rasiga in einer für alpine Verhältnisse flachen und weitläufigen Zone, mit guter Aussicht und Küche. Oft finden sich Wanderer ein, die die Grande Traversata delle Alpi absolvieren und wohlgelaunt ihr Wanderlatein zum Besten geben. Es geht um Höhenmeter, um die beste Polenta in den Hütten, um bemerkenswerte Begegnungen mit Wildschweinen oder Menschen und um die richtige Gangart beim Absteigen. Nach der Mahlzeit reicht die Wirtin das Zuckerelixier herum, das Verdauung und Bettschwere fördert. Die Würfel sind in 95-prozentigen Alkohol eingelegt, wobei fünf Geschmacksrichtungen zur Auswahl stehen: Salbei, Zitrone, Pfefferschote und zwei andere, an die man sich bald nicht mehr zu erinnern vermag.

Zu den Seen

Am nächsten Tag sorgen die Gletscherseen für einen klaren Kopf. Die Schönheiten sind kühl, aber leicht zu erobern. Die Höhenkurven und Kilometer, die es zu überwinden gilt, halten sich im Rahmen. Die Gewässer verstecken sich unterhalb des Dosso-Massivs, das das Bognancotal vom Val Divedro trennt. Man kommt zunächst zum Lago di Arza. Überraschenderweise gibt es zwei davon. Der erste, kleinere liegt in einem von Bäumen und Gebüsch bestandenen Krater und fehlt auf der Karte. Der zweite, höher gelegene ist ein flacher, durchsichtiger Teich, in dem sich die umliegenden Hänge spiegeln, ein Muster aus Gras und Geröll. Um weitere Seen zu sehen, steigt man zur Alpe Paione ab und gleich jenseits der Costa del Dosso wieder auf in Richtung des Dosso-Gipfels. Dort warten die drei Laghi di Paione direkt übereinander in Geländemuscheln. Wie Perlen an der Kette scheinen sie an den Abflüssen zu hängen, die als breite weisse Kaskaden das nächstuntere Becken versorgen, bevor der letzte Abfluss zum Rio Rasiga entweicht. Man kann noch einen Tag oben bleiben und entweder im Rifugio Il Dosso westlich der Alpe Paione oder wieder auf der Alpe Gattascosa nächtigen. Betten gibt es ausserdem im altehrwürdigen Albergo Rossi in San Lorenzo, der mit einem schicken Speisesaal und Vintage-Kammern aufwartet. San Lorenzo ist der Hauptort des Bognancotals. Den zentralen Platz neben der Wirtschaft dominiert die Kirche. In einer ihrer Kapellen entdeckten Historiker die wertvolle Kopie einer päpstlichen Bulle aus dem Jahr 1264. Die Einheimischen sind stolz darauf. Sie nehmen an, Papst Gregor X. habe das Dokument der Pfarrei auf der Durchreise übergeben. Es wäre der Beweis dafür, dass er den Monscerapass benutzte, um die Gefahren der Gondoschlucht zu umgehen. Deshalb wird die Route auch Via del Papa genannt.

1 GABI – ZWISCHBERGEN – GATTASCOSA – **SAN LORENZO**

Anreise/Start Postauto ab Brig bzw. Domodossola bis Gabi (Simplon) (1228 m)
Rückreise Bus ab San Lorenzo nach Domodossola
Karte Carta escursionistica 1:25'000 Nr. 8 (Valle di Bognanco)
Charakter Mittelschwer. Meist gut markierte Bergwege ohne ausgesetzte Stellen.
Jahreszeit Juni bis Oktober

1. ETAPPE GABI – RIFUGIO DI GATTASCOSA
Wanderzeit 6½ Std.
Distanz 12,5 km
Aufstieg 1490 m **Abstieg** 820 m
Einkehren/Übernachten Rifugio di Gattascosa, www.rifugiogattascosa.com
Route In Gabi (1228 m) kurz auf der Passstrasse aufwärts, links auf den Wanderweg und über die Laggina, Aufstieg via Feerberg zum Furggu-Pass (1872 m). Abstieg über Bifigjini und Chatzhalte bis zur Einmündung in den Talwanderweg bei Ägerte. Hier entweder Abstecher talaufwärts zum Berggasthaus Zwischbergen, oder auf dem Wanderweg direkt zur Strasse absteigen und weiter zum Grossen Wasser (ca. 1290 m). Aufstieg durch den Wald, letzte 500 Meter auf Kiesstrasse. Diese in der Biegung nach rechts verlassen. Noch vor dem Bergbach Kapänz nach rechts (Süden) zur Alpe Waira. Am Wairasee vorbei und dem Ostufer des Tschawinersees folgen, nach 250 m nach links abzweigen und über die Bocchetta di Gattascosa zum Rifugio.

Der Albergo Rossi im Zentrum von San Lorenzo.

Varianten/Kombinationen
- Monscerapass (gut 1 Std. kürzer): Aufstieg ab Zwischbergen zunächst wie Hauptvariante. Den Bergbach Kapänz überqueren und auf der rechten Seite des Pussettugrabens zum Monscerapass aufsteigen. Abstieg südwärts zum Rifugio di Gattascosa (1993 m).
- Start erst in Zwischbergen (erreichbar mit dem Postauto/ Rufbus ab Gondo).
- Beginn schon in Brig, auf dem Stockalperweg bis Gabi.

2. ETAPPE RIFUGIO DI GATTASCOSA – SAN LORENZO
Wanderzeit 4¾ Std. **Distanz** 13 km
Aufstieg 280 m **Abstieg** 1290 m
Einkehren/Übernachten
San Lorenzo: Albergo Rossi +39 0324 24 39 90, maccagnoristo@gmail.com; weitere Möglichkeiten s. Nr. 6 und 7.

Hochmoor auf der Alpe di Gattascosa.

Route Vom Rifugio auf dem Natursträsschen bis kurz vor die Alpe di Monscera (mit Abkürzung des zweiten Bogens). Oberhalb der Alp links auf den mit Steinmännchen markierten Weg. Aufstieg zum Lago di Arza (2041 m, Lago di Agro auf der Schweizer Karte); man kommt zunächst zu einem ersten, auf der Karte nicht eingetragenen See). Abstieg südwärts bis zum Strässchen und über die Alpe Paione (ca. 1760 m) zu den Laghi di Paione (unterster See auf 2000 m) aufsteigen. Beim untersten See in einem Rechtsbogen zurück zur Alpe di Paione. Abstieg zum unteren Weg (D99). Über den Rio Rasiga. Hier auf der Strasse weiter oder vom markierten Weg abweichend auf dem flachen Kanalweg gut 5 Min. talauswärts. Vor der Linkskurve rechts auf die Strasse zurück und nach San Lorenzo. Unterhalb der Kapelle nach rechts (D00) und via Gallinera nach Gomba. Hier den direkten Abstieg wählen: Vorbei am etwas versteckten Boccia-Platz, nach dem zweituntersten Haus rechts in den Graben. In Graniga auf der alten Mulattiera nach San Lorenzo (980 m).
Varianten
- Ab San Bernardo Aufstieg zurück zum Rifugio di Gattascosa via Piano Ridorosso (ca. 1¼ Std. ab San Bernardo).
- Ab Sommer 2019 kann man von den Laghi di Paione via Alpe Dorca durch die Daglianoschlucht direkt nach Monteossolano absteigen (Weg wird saniert).
Weiterwandern Kombinierbar mit Nr. 2, 6, 7, 7b.

GABI – SAN LORENZO | 35

«RICHTEN SIE NAPOLEON AUS, DASS DIE ALPEN NICHT MEHR EXISTIEREN»

Der Saumverkehr über die Alpen erlebte im 13. Jahrhundert eine Blütezeit. Auch am Simplonpass waren lange Kolonnen von Maultieren unterwegs. Sie trugen Stoffe, Salz, Lebensmittel, berühmte Weine aus Zypern, Muranoglas und viele weitere Güter in den Norden. Auf ihrer Wanderung von Sust zu Sust kamen ihnen die Karawanen entgegen, die geduldig nach Italien pilgerten: bepackt mit Käse und Salzfleisch, Lederwaren, Metall – rund 140 Kilogramm Last pro Tier.

Das Wallis und das Ossolatal wurden in dieser Zeit zu Durchgangstälern nicht nur für Güter. Kaufleute, Pilger, Gaukler, Gelehrte, Kriegsknechte, Nachrichten, neue Ideen und alte Schauermärchen zogen vorbei und hinterliessen ihre Spuren. Die Offenheit der Grenzen und der Anschluss an internationale Handelsrouten: Zwei Faktoren, die später für die wirtschaftliche Entwicklung der Schweiz zentral waren, bildeten sich am Simplon früh heraus. Die Reisenden trafen sich südlich der Passhöhe im Johanniterhospiz, in den Gasthäusern und in den Susten, den Stützpunkten der Transportgesellschaften, die zugleich Lagerhäuser, Pferdeställe und Herbergen waren.

Gegen Ende des 15. Jahrhunderts nahm die Betriebsamkeit ab. Es waren unruhige, von Grenzstreitigkeiten geprägte Zeiten vorangegangen. Walliser und Innerschweizer, die im Rahmen der «Ennetbirgischen Feldzüge» nach Süden drängten, hatten 1410 den Mailändern das nördliche Val d'Ossola entrissen, das sie Eschental nannten. 1422 verloren sie es wieder, ohne es in der Folge ganz aufzugeben. 1487 lieferten sich die eidgenössischen Truppen und der Herzog von Mailand bei Crevoladossola noch einmal einen blutigen Kampf. Die vom Sittener Bischof Jost von Silenen angeführten Eidgenossen unterlagen mit hohen Verlusten. Sie verzichteten 1495 in einem Friedensvertrag auf alle Ansprüche südlich von Gondo. Von 1512 bis 1515, als die Schlacht von Marignano die Expansion nach Süden beendete, besetzten sie das Gebiet dann doch noch einmal.

Im 17. Jahrhundert erlebte der Simplon eine neue Blütezeit. Es war während des Dreissigjährigen Kriegs, als Kaspar Stockalper (1609–1691) die Bühne betrat. Der Fuhrunternehmer baute den Alpenübergang zur schnellsten Verbindung von Paris nach Mailand aus. Seine Leute erneuerten den alten Saumpfad. Sie befestigten ihn mit Steinplatten, reparierten Brücken, bauten südlich der Passhöhe und in Gondo solide Mehrzwecktürme als Stationen für Menschen,

Friedrich Wilhelm Moritz: Ausblick von der Algaby-Galerie.

Waren und Tiere. So entstand jene kunstvolle Via Stockalper, die heute zwischen Brig und Gondo restauriert und wieder begehbar ist. Sie bildete das Rückgrat von Stockalpers Handelsimperium.

Mit seinem Sturz im Jahr 1677 fiel der Pass in einen neuen Dornröschenschlaf. Als gut 100 Jahre später die Französische Revolution Europa aufschreckte, näherte sich die Säumerzeit ihrem Ende. Die Moderne pochte an die Tür. Das Rad begann die Alpen zu erobern. General Napoleon Bonaparte hatte 1797 mit seiner Südarmee Norditalien eingenommen. Ein Jahr später kam auch die Eidgenossenschaft unter französische Kontrolle. 1799 war der Widerstand im Oberwallis gebrochen. Napoleon hatte freie Hand für ein kühnes Bauwerk. 1800 erhob er, nun als Erster Konsul, seine berühmte Forderung, der Simplonpass sei auszubauen – «pour faire passer le canon». Erstmals sollte eine Fahrstrasse über die Hochalpen gebaut werden. Bis zu 3000 Arbeiter legten eine grosszügige Strasse an, mit einer möglichst konstanten, nicht zu starken Steigung. Zum Bauwerk zählten Brücken, Galerien und elf Schutzhäuser. Einige davon stehen heute noch und bezeugen die praktische Eleganz des Werks.

«Weder vorher noch nachher ist je in so kurzem Zeitraum von kaum fünf Jahren eine derart mustergültige und grossartige Strasse über die Alpen vollendet worden», heisst es in einem Reiseführer, den 1950 die Generaldirektion der PTT herausgab. Für Napoleon, den ungeduldigen Herrscher über halb Europa, der sich 1804 die Kaiserkrone aufsetzte, kam der

Strassenbau dennoch zu langsam voran. Zu seinem Ärger musste er im Mai 1805, als der Simplon noch nicht eröffnet war, über den Mont Cenis nach Rom reisen, wo er sich zum König von Italien krönen liess. Am 16. September meldete der Oberbauleiter Ingenieur Nicolas Céard dann: «Richten Sie bitte Seiner kaiserlichen Majestät aus, dass die Alpen nicht mehr existieren, der Simplon ist offen, die Kanonen können durchfahren.» Es kamen allerdings weder Kanonen, noch kam Napoleon. Der Kaiser war nun mit dem Dritten Koalitionskrieg beschäftigt, was seine Anwesenheit in anderen Teilen des Kontinents erforderte. Immerhin erinnerte er sich 1810 an den Pass, als er das Wallis Frankreich einverleibte und ihm den Namen «Département du Simplon» gab.

Napoleon hatte eine Strasse für den Krieg gebaut. Als er besiegt, sein Imperium zusammengebrochen und das Wallis eidgenössisch war, wurde sie zum Schauplatz für einen friedlichen Fremdenverkehr. Die elegante Ganterbrücke, die Galerien, die Kehren unterhalb der Passhöhe und die Brücke über die Diveria in Crevoladossola: Reisende schätzten und lobten sie, Künstler malten sie *d'après nature*. Besonders beliebt waren die Aquarelle von Vater und Sohn Gabriel Lory, die den Simplon in ein freundliches Sonntagslicht tauchten und ihn so weiterum bekannt machten: «Es erschienen die Kaleschen und Kutschen aller Länder, die livrierten Kutscher, und in den Karossen die Reichen und Vornehmen, die zwischen Frankreich, Deutschland, England und Italien kursierten», heisst es im PTT-Führer. Der Simplon diente auch dem Warenverkehr und den Heerscharen von italienischen Auswanderern als Tor nach Europa – und manchen später für die Heimkehr.

So ging das bis zur Eröffnung des Simplon-Bahntunnels im Jahr 1906. Auf der Passhöhe wurde es erneut ruhig. Die Waren und die meisten Reisenden bevorzugten fortan den schnelleren Schienenweg. Als die PTT im Sommer 1919 die Kutschen durch Postautos ersetzten, erholte sich der Tourismus. Der Simplon war die erste Passstrecke des Postautos. Er stand damit am Anfang einer von Romantik geprägten Epoche. Noch dauerte aber das Pferdezeitalter an. Im Winter sicherte die Post den Übergang weiterhin mit Schlitten. Mit einem Unterbruch: Nach der Tunneleröffnung war der Pass in der kalten Jahreszeit zunächst geschlossen worden. Um ins Wallis zu gelangen, mussten die Bewohner von Simplon Dorf den Umweg über Iselle in Kauf nehmen, wo sie die Bahn bestiegen. Aus Protest boykottierten sie 1907 eine eidgenössische Abstimmung. Mit Erfolg – der Staatsbetrieb holte Pferde und Schlitten wieder hervor.

Nach 1950 nahm der Automobilverkehr rasant zu. Vorbei war es mit den ruhigen Zeiten von 1932, als der Strassenmeister an einem Spitzentag 80 Fahrzeuge zählte. 1953 passierten im Saisonmittel täglich 745 Automobile die Passhöhe, 1960 waren es 2177. Das Auto wurde zum Massenverkehrsmittel, das immer leistungsfähigere Infrastrukturen verlangte. Am Simplon baute man zuerst die Napoleonstrasse aus. Sie wurde asphaltiert, zusätzliche Galerien erhöhten die Sicherheit. Bis 1960 war der Kanton Wallis Eigentümer der Strasse und kam für die Hälfte der Kosten auf. Als die Eidgenossenschaft den Simplonpass 1960 als Autobahn dritter Klasse (für Gemischtverkehr) ins Nationalstrassennetz aufnahm, stieg ihr Finanzierungsanteil auf 92 Prozent. Gemäss einem 1959 veröffentlichten Bericht sollte der Pass für einen verlängerten Sommerbetrieb hergerichtet werden. Für den Winter wollte der Bund den Autoverlad zwischen Brig und Iselle modernisieren. Doch die Vereinigung «Pro Simplon» forderte energisch eine wintersichere Strasse. Der Innenminister Hans Peter Tschudi erteilte einer Walliser Abordnung im Jahr 1965 die gewünschte Zusicherung.

Weil jetzt reichlich Geld aus Bern floss, nahm das Projekt eine andere Dimension an. Es ging nicht mehr um einen punktuellen Ausbau, sondern um eine internationale Transitstrecke. Mit schliesslich rund einer Milliarde Franken machten die Verantwortlichen aus dem Simplon ein

Der mächtige Adler bewacht den Simplon.

Prunkstück des alpinen Chausseebaus. Die 43 Kilometer lange Strecke von Brig nach Gondo führt heute durch elf Kilometer Tunnels und Galerien, über 67 Brücken, darunter die imposante neue Ganterbrücke. Auf vielen Abschnitten folgt die A9 dem Trassee der alten Napoleonstrasse. So hat sie diesen «schönsten Alpenpass», wie der Slogan aus den 1930er-Jahren lautete, weitgehend zerstört. Der Nutzen der Autobahn ist umstritten. Zwar lockt sie bei schönem Wetter Tagesausflügler an. Jene, die länger bleiben – vor allem Wanderer und im Winter Skitouristen –, haben hingegen wenig Freude am Strassenlärm. Aus Umweltgründen wäre es zweifellos sinnvoller, die Waren mit der Bahn durch den Simplontunnel zu befördern, dessen Scheitel auf 700 Meter liegt, anstatt sie mit 40-Tönnern bis auf 2000 Meter hochzuschleppen.

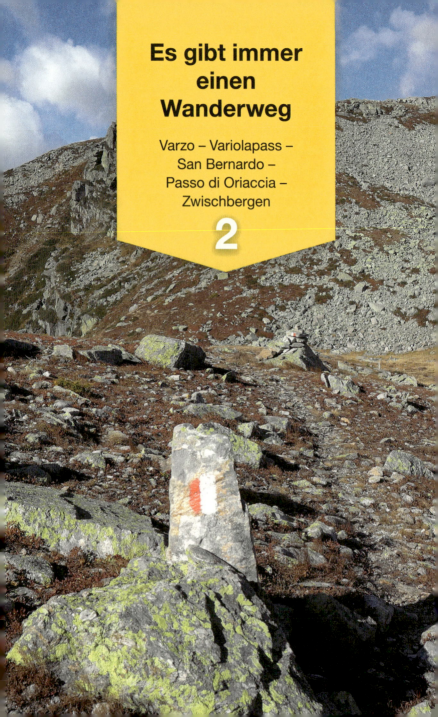

Es gibt immer einen Wanderweg

Varzo – Variolapass –
San Bernardo –
Passo di Oriaccia –
Zwischbergen

2

Der lange Aufstieg von Varzo zum Variolapass erschliesst eine durch das Eis geformte hochalpine Region von wilder Schönheit. Via San Bernardo und den einsamen Oriacciapass führt die Tour in zwei Tagen nach Zwischbergen.

Ankunft in Varzo. Das schmucke Stationsgebäude mit dem grossen Vordach und dem Wartsaal zeugt vom Stolz der Bahn, die hier am Anfang des 20. Jahrhunderts eine berühmte internationale Strecke eröffnete. Auf ihr verkehrte der Simplon-Orient-Express, der seine Kundschaft von Paris bis Istanbul beförderte. Am 22. April 1945 war der Bahnhof Schauplatz eines dramatischen Ereignisses. Partisanen vernichteten auf dem Bahnhofgelände den Sprengstoff, der zur Zerstörung des Simplontunnels bestimmt war. Sie retteten damit «eine historische Errungenschaft der zivilisierten Menschheit», steht auf einer Gedenktafel auf der Rückseite des Bahnhofs.

Während des Baus der ersten Röhre des Simplontunnels (1898 bis 1906) und der Zufahrtsrampen samt Kehrtunnel wurde die Region zum Lebensmittelpunkt von mehreren Tausend Tunnelarbeitern, ihren Angehörigen und dem Begleittross, die aus allen Teilen Italiens stammten. Man nannte sie «i trafurett» (*il traforo* bedeutet Durchstich). Zwischen Iselle und Varzo entstand entlang der Napoleonstrasse die rund einen Kilometer lange Arbeitersiedlung Balmalonesca. Sie glich einem Goldgräberdorf im Wilden Westen. Die Gebäude aus Holz und Backsteinen boten Platz für bis zu 8000 Einwohner. Ausser Läden, Coiffeursalons, Werkstätten, Kneipen, Postbüros, einem Polizeiposten und dem Spital gab es auch ein Theater sowie die katholische und die evangelische Kirche. In den Schulhäusern besuchten gut 400 Knaben und Mädchen in getrennten Klassen den Unterricht. Die meisten Arbeiter lebten hier mit ihren «mehr oder weniger regulären Familien», schrieb der Corriere della Sera im Februar 1902 in einer Reportage aus Balmalonesca. In den Strassen wimmelte es von Kindern. Alte Leute gab es kaum. Schon *ragazetti,* Knaben, verdienten sich ein paar Lire: «Sie lernen viel zu früh, wie hart das Leben ist.» Während sie aber zu Spässen aufgelegt waren und fröhliche Schneeballschlachten veranstalteten, erschienen die erwachsenen Mineure dem Reporter von einem fatalistischen

Die markierte Aufstiegsspur auf die Cima Verosso.

Steingebäude mit runder Speisekammer auf der Alpe Wolf.

Ernst. «Sie versammeln sich mit ihrer Laterne, mit ihren Stiefeln, mit den zerschlissenen, geflickten Kleidern, durch deren Löcher die nackte Haut sichtbar ist; sie nehmen Platz in den Tunnelwagen, warten auf die Abfahrt, ziehen an der obligatorischen Tabakpfeife, von der sie sich ein wenig Wohlbehagen versprechen.»

Balmalonesca war sieben Jahre lang der grösste und lebendigste Ort im Tal. Nach Abschluss der Arbeiten standen die Gebäude rasch leer. Die meisten riss 1920 das grosse Hochwasser der Diveria weg. Nur ein paar Ruinen, Fotos und Postkarten erinnern an die provisorische Stadt. Die wenigsten Simplonreisenden haben von Balmalonesca gehört oder denken an die Mineure, dank denen sie mehr als hundert Jahre später noch komfortabel durch den Berg reisen. 58 Arbeiter starben bei der Arbeit, 63 an Krankheiten, 22 kamen im Streit, durch Selbstmord oder Unfälle während der Freizeit um. Das Zusammenleben scheint nicht einfach gewesen zu sein. Die lokalen Blätter berichten wiederholt über Diebstahl und Messerstechereien mit tödlichem Ausgang, wobei oft Alkohol die Gemüter erhitzte.

Der lange Aufstieg

Man muss ehrlich sein: Der Aufstieg von Varzo zum Variolapass ist nahrhaft, lang, anstrengend und herrlich. Die Aufsteigenden bewältigen

Aufstieg im Wald an der Flanke des Pizzo del Mezzodi.

mehr als 1800 Höhenmeter. Wenn man die gewaltigen Felswände von unten betrachtet, wie sie sich schroff, senkrecht und sehr verlockend gegen den Pizzo del Mezzodi sowie den Pizzo Giezza auftürmen und wenig Raum für den Himmel lassen, fragt man sich, wo denn ein Weg angelegt sein könnte. Nun, es gibt zwei davon. Die Hauptroute ist sogar Teil der Grande Traversata delle Alpi (GTA) und somit ebenfalls von internationaler Bedeutung. Alles beginnt, nachdem die Diveria beim Stausee überquert ist. Der Pfad steigt in Stufen von Alp zu Alp, führt am Fuss senkrechter Felsen vorbei, durch kniehohes Gras über Matten, durch Wälder voller süsser Heidelbeeren, man überschreitet Moorböden, klettert auf Grate, erschreckt vielleicht eine Gämse oder ein Birkhuhn. Was von unten halsbrecherisch aussah, ist vor Ort halb so wild. Es bestätigt sich die Regel: Sei es auch hoffnungslos oder schlimmer, einen Wanderweg findest du immer. Oberhalb der Alpe Lorino bleibt der Wald zurück. Vom Eis rundgeschliffene Felsen treten nackt zutage. Geröll liegt herum wie hingeworfen. Dazwischen spriessen die robusten Alpenrosen. Man verschwindet in einer Senke, schreitet auf alpinem Rasen durch einen Felsenkanal und erreicht auf 2252 m ü. M. die flache Passhöhe des Variola. Sie bildet den Übergang vom Divedro- ins Bognancotal. Letzte Wolkenschwaden verhüllen die Abhänge des Pizzo del Mezzodi. Darunter glänzen Steinblöcke wie gefallene Meteoriten in der schon schrägen Sonne. Es ist die Heimat der Steinböcke und der Bergdohlen, eine Landschaft von unwirklicher, befreiender, halsbrecherischer, chaotischer Schönheit. Hier entspringt der Rio di Variola, der sich in einem tiefen Schattengraben nach Süden ins Bognancotal stürzt, dabei den Namen ändert und zum Dagliano wird.

Nach einem ersten Abstieg kann man wählen. Die direktere Route begibt sich bergab zur Alpe Paione. Die andere gewinnt wieder an Höhe, um den untersten der drei Laghi di Variola zu erreichen. Dieser ruht am Fuss des Pizzo Giezza zwischen verwitterten, mit gelben Flechtenflecken gemusterten Felsbändern. Mit ihren waagrechten Spalten gleichen sie den Steindächern von Alphütten. Eine feierliche Stille liegt über Wasser, Steinen und Alpenrosen, so als möchte die Natur zur Andacht mahnen. Die Seen sind das Erbe des Gletschers, der sich vor Jahrtausenden zurückzog, sagen die Glaziologen. Im Herbst verwandeln Millionen von Heidelbeerblättchen das Gelände in eine feuerrote Tundra. Man denkt an ein Blütenmeer, wenn man über die schiefe Ebene weitergeht, dem Abend entgegen. Später, über der Alpe Paione, rückt das bewegte Band eines Wasserfalls ins Bild. Er ergiesst sich aus den Laghi di Paione über wenig steile Felsen. Man überquert ihn auf einem Holzsteg und kommt nach acht Stunden Marsch im Rifugio Il Dosso an. Es ist mehr Hotel als Berghütte. Die Wirtin erwartet die Gäste vor dem laufenden Fernseher. Eine junge Dame im Minirock unterhält sich etwas zu vergnügt mit reiferen Moderatoren, während im Cheminée das Feuer flackert.

Das Land der Kaskaden

Der zweite Tag ist genauso schön wie der erste. Zwei Wege führen zum Lago di Oriaccia. Sie trennen sich in San Bernardo, einem Picknickgelände mit Kapelle und Parkplatz (seit 2018 ist auch das Rifugio wieder offen). Die direkte Strecke durch den Wald zum Monte del Dente ist für gebirgige Verhältnisse gemütlich. Die Alternative ist strenger, aufregender und bietet erfreuliche Aussichten. Sie schwingt sich über den Bergrücken in Richtung der Cima Verosso auf, eines markanten Grenzbergs zwischen dem Piemont

Oben: Auf der schönen Hochebene südlich des Variola-Passes.
Unten: Herbstliche Heidelbeerblätter.

Ausblick von der Costa del Dente nach Süden.

und dem Wallis. Die nach Harz duftenden Lärchen werden seltener. Steinmännchen bestätigen, dass man auf dem richtigen Weg ist. Beim Aufsteigen weitet sich der Horizont. Die Sicht reicht bald einmal über die Ränder des Valle di Bognanco hinaus in die Ferne, wo immer mehr und neue Spitzen und Bergketten auftauchen. Man befindet sich auf einmal inmitten eines Gipfeltreffens auf höchster Ebene. Weisse Wolken, die der Landschaft Tiefe geben, reisen unter dem blauen Himmel dahin wie Segelschiffe, die der Wind über den Alpenozean bläst.

Die Cima Verosso ist im Winter ein beliebter Skitourengipfel. Man erklimmt ihn nicht vollständig, sondern wechselt hinüber auf die Costa del Dente, über deren zunächst scharfen, dann runden Rücken man absteigt. Vor dem Monte del Dente verliert sich die Spur im Gestrüpp. Rechts unten ist zum Glück schon der Pfad in den Talkessel von Oriaccia erkennbar. Er führt in weitem Bogen in eine enorme Arena: durch reichlich mit Geröll versetzte Hänge, in die sich nur die kleinsten Nadelbäume vorwagen. Die Bäche, die hier entspringen, vereinigen sich zum Rio Pizzanco. Es ist einer der elf grösseren linksufrigen Zuflüsse der Bogna. Auf der rechten Seite gibt es noch einmal zehn davon, neben zahllosen kleineren Wassern. Etliche las-

Der Lago di Oriaccia am Fuss des gleichnamigen Passes.

sen sich über Felsen fallen. Das Bognancotal wird deshalb als «Land der hundert Wasserfälle» besungen.

Es ist auch das Land der Seen. Offiziell sind es deren neunzehn. Sie sind alle glazialen Ursprungs, auch der flache Lago di Oriaccia, der sich zuhinterst im Talkessel versteckt. Er führt das Dasein eines Eremiten und lässt sich erst blicken, wenn man bereits am Ufer steht. Ein guter Ort für eine Rast. Noch einmal gilt es anschliessend eine Stufe zu überwinden, bis der Passo di Oriaccia erreicht ist und mit ihm die Landesgrenze. Er ist etwas höher und anstrengender als die beiden Nachbarpässe im Norden, die Bocchetta di Gattascosa und der Passo di Monscera, und deshalb weniger begangen. Den Schmugglern diente er als Ausweichroute. Für die Wandersleute ist er mehr als eine Verlegenheitslösung. Nach dem Durchqueren eines langen Geröllfeldes erreichen sie den Tschawinersee, einen der schönsten und grössten Bergseen in der Region. Sogar eine Halbinsel findet darin Platz: auf der Südseite, wo die imposante Wand des Tschawinerhorns das Seitental abschliesst. Durch dieses steigt man am Wairasee vorbei nach Zwischbergen ab.

2 VARZO – VARIOLAPASS – SAN BERNARDO – PASSO DI ORIACCIA – **ZWISCHBERGEN**

Anreise/Start Zug bis Varzo (oder Iselle)
Rückreise Rufbus (+41 79 713 70 02; mind. 2 Std. vor Abfahrt) von Zwischbergen nach Gondo. Postauto von Gondo nach Bahnhof Brig oder Iselle.
Karte Carta escursionistica 1:25'000 Nr. 8 (Valle di Bognanco)
Charakter Technisch mittelschwer, körperlich anspruchsvoll. Meist gut markierte Wege in teils steilem Gelände. An der Costa del Dente (2. Etappe) leicht ausgesetzte Stellen und weniger gut markiert.
Jahreszeit Juni bis Oktober
Einkehren/Übernachten Rifugio Il Dosso bei der Alpe Paione (Tel. +39 342 699 66 65).
Rifugio San Bernardo (Tel. +39 345 521 29 66)

1. ETAPPE VARZO – RIFUGIO IL DOSSO
Wanderzeit 8/7½ Std. (je nach Variante) **Distanz** 15/14,5 km
Aufstieg 1950 m/1900 m
Abstieg 750 m/700 m
Route Beim Bahnhof Varzo durch die kleine Unterführung auf die andere Gleisseite, rechts auf einen Pfad, dann auf das Natursträsschen. Teils unter der Autobahn nach Westen. Auf der Brücke unterhalb des Staubeckens über die Diveria. Der Wanderweg kreuzt die auf der italienischen Karte fehlende Alpstrasse zweimal in der Falllinie (Markierungen sind etwas unklar). Auf knapp 800 m Höhe folgt man der Strasse ca. 400 Meter nach rechts absteigend bis zur Alpe Salviggia. Hier auf den mit einer Schranke abgesperrten Weg Richtung Alpe Selvanera di Dentro. An der Alpe Wolf vorbei und weiter hoch zur Alpe Lorino. Letzter Anstieg mit kürzeren Steilstücken auf den Passo di Variola (2252 m). Abstieg bis auf 2000 m. Nun gibt es zwei Varianten: 1. Weiter auf der GTA via Alpe Variola, Alpe Dorca und Alpe Paione. 2. Über einen spärlich markierten Pfad zum untersten Lago di Variola traversieren, südwärts über den flachen Grat. Nach rechts abzweigen und über den Sattel oberhalb der Alpe Dorca. Auf dem guten Pfad zur Alpe Paione und kurz auf dem Strässchen bis zum Rifugio (1740 m) absteigen.

Spuren der harten Winter.

VARZO–ZWISCHBERGEN | 49

2. ETAPPE RIFUGIO IL DOSSO – ZWISCHBERGEN
Wanderzeit 7/6 Std. (je nach Variante) **Distanz** 13,5 km
Aufstieg 1120 m/880 m
Abstieg 1530 m/1290 m
Route Vom Rifugio auf markiertem Weg im Wald rechts der Strasse zum Rio Rasiga. Nach der Brücke auf den Steinplatten der Wasserleitung (nicht markiert) talauswärts. Nach gut 5 Min. nach rechts zurück auf die Strasse. In San Bernardo (Rastplatz) zwei Varianten: 1. Auf den Wanderweg unterhalb der Kapelle. Aufstieg via Ciupinella zur Alpe del Dente, dann zum Monte del Dente (flacher Rücken, kein Gipfel) und zum Lago di Oriaccia. 2. Beim Parkplatz auf den Bergweg Richtung Cima Verosso. Aufstieg über den Rücken in Stufen mit Zwischengipfeln. Auf 2200 m ü. M. flachere Stelle mit Wegweiser. Hinter der nächsten Anhöhe (ohne Namen) auf ca. 2300 m links auf den Pfad, der über die Costa del Dente zum Monte del Dente absteigt. Kurz vor diesem rechts in den Kessel von Oriaccia. Auf dem mit Steinmännchen markierten Pfad zum Lago di Oriaccia. Nun nordwestwärts zum Passo di Oriaccia (2326 m) aufsteigen (auf der Landeskarte der Schweiz ist dieser zu weit südlich eingezeichnet!). Abstieg durch ein langes Geröllfeld. Links am ersten See vorbei über die Ebene, dann zum Tschawinersee. Abstieg via Wairasee und Waira durch den Wald zum Grossen Wasser. Über die Brücke, direkt zur Strasse hoch und auf dieser 250 m nach links zur Postautostation.
Weiterwandern Kombinierbar mit Nr. 1, 7, 7a, 4.

Blick hinunter auf den kleinen Wairasee.

DIE RETTUNG
DES SIMPLONTUNNELS

Die Eröffnung des Simplontunnels im Jahr 1906 war ein europäisches Ereignis gewesen. Die Zeitgenossen verbanden mit dem Bauwerk die Hoffnung auf eine bessere Zukunft, auf ein friedliches Zusammenleben der Völker, auf komfortables Reisen in ferne Länder. In Frankreich gab es Pläne, via den Simplon und Istanbul eine durchgehende Schienenverbindung von Paris bis in die fernen Kolonien in Indochina herzustellen. Die Zusammenarbeit zwischen der Schweiz und Italien hatte beim Bau gut funktioniert. Die beiden Nachbarstaaten hatten 1895 einen entsprechenden Vertrag unterschrieben, und sie beteiligten sich gemeinsam an den Kosten. An der offiziellen Eröffnungsfeier nahmen sowohl der Bundesrat wie der italienische König Vittorio Emanuele III. teil.

Vierzig Jahre später waren die europäischen Nationen von einem friedlichen Zusammenleben weiter entfernt denn je. Im Frühling 1945 lag halb Europa in den Trümmern des Zweiten Weltkriegs, dessen Ende bevorstand. Die deutschen Truppen verfolgten auf ihrem Rückzug vor den Alliierten die Politik der verbrannten Erde: Sie vernichteten Verkehrswege und Industrien, die dem Feind von Nutzen sein konnten. Sie bereiteten auch die Sprengung der beiden Röhren des Simplontunnels vor, die halb auf Schweizer, halb auf italienischem Territorium liegen. Es wäre eine der letzten Kriegshandlungen in Norditalien gewesen.

Mitte April 1945 waren die Vorbereitungen weit gediehen. Die Wehrmacht hatte fünf Eisenbahnwagen mit 64 Tonnen Trotyl-Sprengstoff nach Varzo verfrachtet und sie wenige Kilometer vor dem Südportal in einem Depot eingelagert. Auch die Lokomotiven standen bereit, die den Sprengstoff in den Tunnel bringen sollten. Die geheime Aktion war allerdings aufgefallen. Deutsche Mineure waren seit November 1944 vor Ort tätig. «Sie begannen, die bereits vorhandenen Sprengkammern im Simplontunnel auszubauen», schreibt der Regisseur Werner Schweizer, der die Ereignisse für seinen 1989 erschienenen Film *Dynamit am Simplon* recherchiert hat.

Die Streckenwärter der SBB bemerkten diese Vorgänge. Auch Mario Rodoni bekam Wind davon. Der sprachgewandte Tessiner war als Chefmonteur der SBB zuständig für die Stromleitungen auf der Simplonstrecke. Er pflegte zu den deutschen Truppen wie zu den Partisanen Kontakte und

Gedenktafeln am Bahnhof Varzo.

sammelte Informationen für den Schweizer Geheimdienst. Er setzte Peter Bammatter in Kenntnis, den Chef des Zolls von Domodossola, der als Spionageoffizier ebenfalls für den Geheimdienst arbeitete. So erfuhren die Partisanen von der geplanten Zerstörung des damals längsten Tunnels der Welt. Sie machten es sich zur Aufgabe, die Tat zu verhindern. Der Versuch, den «Dynamitzug» schon am Lago di Mergozzo in der Nähe von Verbania zu stoppen, scheiterte jedoch.

Nun wollten die Garibaldini, kommunistisch orientierte Partisaneneinheiten, den Sprengstoff in Varzo unschädlich machen. Sie standen dabei auch unter dem Druck der Alliierten, die gedroht hatten, den Bahnhof zu bombardieren, falls die Aktion misslingen sollte. Drei Brigaden mit rund 130 Mann unter dem Kommando von Ugo Scrittori, «Mirco» genannt, nahmen am Einsatz teil. Es gelang den Widerstandskämpfern, die Telegrafenleitungen zu kappen und die SS-Einheiten sowie die österreichischen Wachtruppen vom Tatort fernzuhalten. Das Finale fand in der Frühlingsnacht vom 22. April 1945 statt. Die Partisanen trugen die 1500 Kisten aus dem Depot, trennten die Sprengkapseln vom Trotyl und entzündeten den Sprengstoff kurz vor Mitternacht zwischen dem Bahndamm und dem Ufer der Diveria. Laut Augenzeugen beleuchtete eine mehrere hundert Meter hohe Feuersäule das Tal taghell. «Auf dem Rückmarsch hinauf nach l'Ovigo benötigten wir keine Fackeln», berichtete später der Partisan Dante Hor. Er hatte als 19-Jähriger an der Aktion teilgenommen und starb als letzter Beteiligter 2017 in hohem Alter.

In Domodossola sah auch Peter Bammatter den Widerschein der Feuersbrunst. So wusste er, dass die Aktion gelungen war. Der vereinte Einsatz der italienischen Partisanen, der Schweizer Eisenbahner und des Nachrichtendienstes hatte den Bahntunnel vor einer möglichen Zerstörung bewahrt: Nur an der Bahnanlage in Varzo waren kleinere Schäden entstanden, die rasch behoben waren. Die deutschen Truppen zogen sich schon am folgenden Tag nach Novara zurück. Wenige Tage später flohen letzte versprengte Soldaten der Besatzungstruppen bei Gondo über die Grenze. Am 1. Mai 1945 war ganz Italien befreit. Ob die Deutschen wirklich zur Tat geschritten wären, ist nicht ganz klar. Laut dem Schweizer Major Max Waibel hatte der zuständige SS-Obergruppenführer Karl Wolff noch keinen solchen Befehl erteilt. Es habe aber die Gefahr bestanden, «dass irgendein deutsches Zerstörungsdetachement die Sprengung hätte durchführen können». Waibel verhandelte in dieser Zeit mit den Deutschen über eine Kapitulation.

Mario Rodoni führte nach dem Krieg in Genf ein Café, bevor er Ende der 1960er-Jahre nach Varzo zurückkehrte. Auf Geheiss der Bundespolizei musste er die Vorfälle geheim halten. Erst kurz vor seinem Tod im Jahr 1979 gab er seine Erinnerungen gegenüber dem italienischen Historiker Paolo Bologna preis. Sie bildeten eine der Quellen für den Dokumentarfilm von Werner Schweizer, der die bis dahin wenig bekannte Episode einem breiteren Publikum zugänglich machte.

Es gab im Zweiten Weltkrieg an der Südgrenze der Schweiz ein weiteres Vorhaben, das glücklicherweise unausgeführt blieb: Die Besetzung des Tessins durch das faschistische Italien. Mussolini hatte sich zwar mit Hitler verbündet, er nahm dessen Vorherrschaft in Europa und die Expansionspläne, die sich auch gegen die Schweiz richteten, aber mit Unbehagen zur Kenntnis. So spielte der Diktator mit dem Gedanken, sein Imperium mit dem italienischen Teil der Eidgenossenschaft abzurunden. General Mario Vercellino arbeitete dazu einen detaillierten Geheimplan aus, den «Piano Vercellino». Der Angriff hätte auch von den Ossolatälern aus erfolgen sollen. Aus strategischen Gründen sollte die Simplon-Passhöhe erobert werden. Die Pläne nahmen konkrete Formen an. Die italienische Armee baute Stellungen und schickte mehrere Divisionen ins Grenzgebiet. Im Sommer 1940 war alles für einen Angriff vorbereitet. Das Heereskommando stufte das Vorhaben mit der hohen Dringlichkeit *Esigenza S* ein. Schliesslich verzichtete Mussolini aber auf die Aktion. Er schickte seine Truppen im Sommer 1940 Richtung Frankreich und im folgenden Jahr auf den Balkan, von wo aus er Jugoslawien und Griechenland erobern wollte.

Bauarbeitersiedlung Balmalonesca.

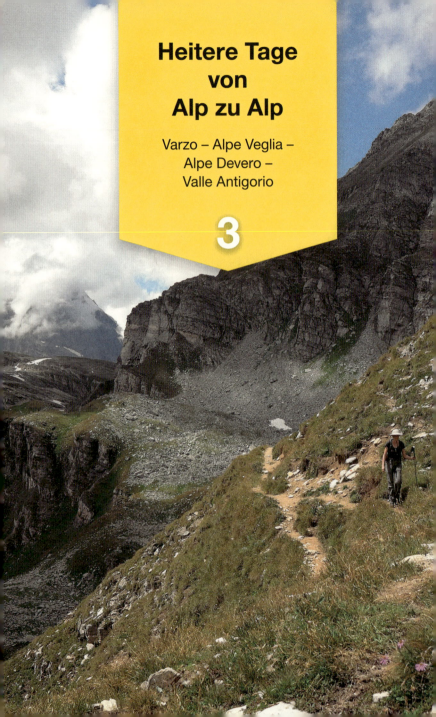

Heitere Tage von Alp zu Alp

Varzo – Alpe Veglia – Alpe Devero – Valle Antigorio

3

Via die Alpen Solcio, Veglia und Devero erreicht man in vier Wandertagen von Varzo aus das Antigoriotal. Man überschreitet vier Pässe, streift durch prächtige Landschaften, lernt eine verschwundene Sprache kennen und kann den Aufenthalt verlängern.

An Varzo fahren die meisten mit dem Zug vorbei, wobei sie wenig vom Hauptort des Valle Divedro sehen. Wer ihn besucht, entdeckt ein stattliches Dorf. Es hiess einst Vartium, was vom keltischen *Vargo* abstammt, «Erweiterung» bedeutet und den Nagel auf den Kopf trifft. Das Val Divedro, das sonst eng und unkultiviert sei, öffne sich hier und zeige ein strahlendes Gesicht, schrieb der Geistliche Nicolao Sottile 1810. Varzo liege auf einem grossen Busen der Natur, sei der Mittagssonne zugewandt und überdies vor dem Bergwind geschützt, dem Tramontana. Das begünstige das Wachstum von Getreide und Trauben. Trotz der privilegierten Lage vermochte das Land die über 3000 Bewohner nicht zu ernähren. Viele Männer wanderten nach Deutschland, Frankreich, Polen und Russland aus, wo sie in der Milchproduktion und der Zinngiesserei tätig waren. Ihre Einkünfte und die der Landwirtschaft verhalfen gemäss Sottile den Varzesi zu einem gewissen Wohlstand.

Der alte Kern befindet sich westlich des manchmal reissenden Rio Sangioanni, der zwischen hohe Mauern verbannt wurde. Eine breite Treppe unterbricht die angrenzende Gasse und leitet zur Hauptkirche hinauf. Das Ganze ist ein sehenswertes mittelalterliches Ensemble. Sottile war von der romanischen Kirche jedoch wenig begeistert: Sie sei «nicht schön, aber gross», fand er. Jedenfalls bildet sie das Zentrum der weitläufigen Gemeinde mit über fünfzig Fraktionen. Mit dazu zählen die Bergkämme, die die Grenze zwischen dem Val Cairasca und dem Valle Devero markieren, darunter der Monte Cistella. Dieser Symbolberg des Eschentals ist eine von Dichtern und Alpinistinnen gepriesene regionale Berühmtheit, obwohl er mit 2880 Metern nicht der höchste ist. Der weiterum sichtbare rundliche Gipfel gleicht einem Priesterhut à la Don Camillo. In früherer Zeit war der Cistella verrufen. Man glaubte, der Teufel benutze seine Hochebene als Tanzparkett, wahrscheinlich um sich mit den Hexen

Über dem Vallone di Bondolero mit Blick auf den Passo di Valtendra.

Der Pian dul Scric mit Blick Richtung Alpe Veglia.

einzulassen, die auch dort oben hausten und von denen ab und zu ein trauriger Hexengesang nach Varzo drang.

Hinauf zur Alpe Solcio

Der Cistella wird oft vom Rifugio Pietro Crosta aus bestiegen, der ersten Station der Wanderung. Wenn man von Varzo her in diesem Berghaus bei der Alpe Solcio ankommt, hat man gut 1200 Höhenmeter überwunden und ist auf der Mulattiera an Weilern und Alpgebäuden vorbeigezogen. Viele sind zu Zweitwohnungen umgebaut und durch eine Asphaltstrasse erschlossen. Dennoch bekommt man da und dort einen Eindruck von der verblassenden Würde dieser Kulturlandschaft, wie sie Sottile kannte – zu einer Zeit, als es keine Motoren, dafür Fabelwesen gab. Das Rifugio steht über einer Wiese und dem Nadelwald, durch den der junge Rio Sangioanni gurgelt. Hinter ihm wächst die Steilwand der Testa dell'Orso in den Himmel. Der Bärenkopf zählt zur Gruppe des Cistella, die sich nach Norden bis zum Valle Bondolero fortsetzt. Es sind lauter klangvolle Namen für eine Gegend, deren Schönheit es Marina Morandin angetan hat. Gemeinsam mit ihrem Mann betreut sie die Hütte des CAI Gallarate,

Am Passo di Valtendra bleibt der Schnee lange liegen.

die auch ihr Wohnsitz ist, sodass das einfache und gastliche Haus das ganze Jahr offen steht. «Ich habe das laute städtische Chaos gegen die weiten Flächen und die saubere Luft der Berge eingetauscht», begründet sie in ihrem regionalen Wanderführer. Darin heisst es über den Höhenweg zur Alpe Veglia, der am folgenden Tag auf dem Programm steht: «Es ist eine der schönsten Exkursionen in diesem Gebiet. Sie ist sonnig und wärmt Körper und Seele.» Die Strecke ist eher flach, führt der Südwestflanke des Cistella entlang und kann auch bei Regen begangen werden.

Nach der Alpe Ciamporino, wo der Sessellift von San Domenico ankommt und ein Lautsprecher die Alpen mit Popmusik versorgt, steigt man durch einen Felsenkanal zum Grat unterhalb der Punta Maror empor. Auf einmal öffnet sich die Sicht auf die Alpe Veglia, die weite Hochebene im Einzugsgebiet des Torrente Cairasca. Die Italiener sprechen von einer Conca alpina, einer Alpenmuschel, zu der man nun hinabsteigt. Sie ist voller Perlen: der Feensee, die Mineralquelle, Bäche, Hochmoore, federnde Wege, Lärchenwälder. Dominiert wird sie vom Monte Leone, dem höchsten Berg der Lepontischen Alpen mit schrägem Scheitel und breiten Schultern.

Man verliebt sich schnell in die Alpe Veglia und bleibt es, weil sie danach weitere Vorzüge preisgibt. Besonders reizvoll ist sie, wenn nach einem Regentag die Morgensonne die letzten Nebelfetzen vertreibt, die an den goldenen Abhängen des Monte Leone und der Punta Terrarossa entlangschwimmen wie Schwärme träger Fische.

Wie die Alpe Veglia überlebte

Genug geschwärmt. Die Alpe Veglia hat nur knapp überlebt. Ab den 1920er-Jahren wurde das Projekt eines Stausees vorangetrieben, vermessen, bewilligt und verworfen, in dem der grösste Teil der Alp untergegangen wäre. Die Gemeinden Varzo und Trasquera waren dagegen. Ihre Bauern hielten hier im Sommer über tausend Rinder und ebenso viel Kleinvieh und stellten zentnerweise Käse und Butter her. Man untersuchte den Untergrund, fand 1960 nach Sondierbohrungen heraus, dass dieser porös ist, sodass das Seewasser den Simplontunnel gefährdet hätte, der tausend Meter tiefer durch den Berg führt. «Il tunnel che salvò Veglia», der Tunnel, der die Alpe Veglia rettete, lautet der Titel eines Artikels, den der Historiker Giulio Frangioni später zu diesem Vorgang verfasste. Danach wollten die Ingenieure auf die Staumauer verzichten, aber das Wasser des Cairasca in ein Pumpspeichersystem zur Veredelung von Atomstrom ableiten. Weil Italien keine Atomkraftwerke baute, wurde auch dieses Vorhaben fallen gelassen. Endgültig obsolet wurden die Pläne zur Nutzung der Wasserkraft 1978, als die Region Piemont auf der Alpe Veglia ihren ersten Naturpark eröffnete. Wegen der langen Auseinandersetzungen und der damit verbundenen Unsicherheit war die Alp für touristische Investoren uninteressant geblieben. Sie blieb fast so erhalten, wie sie schon anno 1900 aussah. Die frühen Berghotels, darunter das Lepontino, der Albergo Alpino sowie das Rifugio des CAI bieten hinter ihren Steinmauern heute noch Betten an, wobei sie nicht auf Vintage zu machen brauchen, weil sie Vintage sind.

Im Prinzip trennt man sich von der Alpe Veglia etwa so ungern, wie Odysseus an den Sirenen vorbeisegelte. Die Sache vereinfacht sich jedoch, wenn man sie Richtung Osten verlässt und den Win-

Oben: Die Punta d'Orogna markiert den gleichnamigen Pass.
Unten: Abstieg durch das Buscagnatal zur Alpe Devero.

dungen des Rio Frua folgt. Die Landschaften, die man dabei durchstreift, sind so abwechslungsreich und heiter, dass das Scheiden des Wandrers Lust ist. Ein Pfad leitet die Fussreisenden zunächst in einem Moorwald durch Farn, Gras und Heidelbeeren und mündet in eine leuchtende Ebene. Es ist der Pian dul Scric, auf dem häusergrosse Felsbrocken liegen und wo neben dem Bach Kräuter und Blumen spriessen. Man wäre wenig erstaunt, träfe man eine leicht bekleidete Bergfee beim Tanz. Man trifft aber nur den Kuhhirten in Stiefeln und kann in der Käsealp Alpkäse erstehen, bevor es richtig zu steigen beginnt. Die Gegend wird karger, wüstenhafter. Die Wipfel bleiben zurück, während Gipfel und Himmel näherkommen. Der Übergang von der Alpe Veglia zur Alpe Devero besteht aus einem Doppelpass. Zuerst überquert man den Passo di Valtendra, dann geht es über dem Valle Bondolero bergab und wieder hoch in eine kleinere Alpenmuschel, in welcher der schmale Lago d'Orogna die Passanten bezirzt. Endlich steht man auf der Scatta d'Orogna, dem zweiten Passo mit Aussicht erster Güte. Ein grosszügiges, helles, gar nicht steiles Hochtal erstreckt sich über fünf Kilometer gegen die Alpe Devero zu. Es ist das Buscagnatal, durch das die Route fortführt. Links stehen die verwitterten Grenztürme zum Binntal mit ihren Zinnen, Pässen und Geröllfeldern in Deltaform, rechts schweift das Auge über die grünen Kreten des Monte Cazzola hinweg in die ferneren Alpen. Weiter unten kann man einen Abstecher zum Lago Nero machen, der hochromantisch im Nadelwald versteckt ist und zum erfrischenden Bad taugt. Das letzte Stück ist steiler. Die Wildbäche stürzen über die Felswände, bevor sie sich in der Ebene der Alpe Devero beruhigen, wo auch die Touristen Angebote für die Nachtruhe vorfinden.

Über den Miirlipass nach Saley

Am nächsten Tag gilt es die Bocchetta di Scarpia und den Passo del Muretto zu schaffen, der auf Deutsch Miirlipass heisst und in alte Walserzonen führt. Die Bocchetta di Scarpia zwischen dem Monte del Sangiatto und der Korbernasu erschliesst auf der Westseite das abgelegene Pojalatal. Man gerät in kaum berührte, berührende Landschaften mit Kapellen, Murmeltieren und Alpenanemonen. Nach jeder Stufe warten neue Perspektiven, andere Berge, frische Blumen. Der Miirlipass verband einst auch die Walser von Saley und Agaro

Die Kirche von Salècchio inferiore steht hoch über dem Antigoriotal.

untereinander, das 1938 im Stausee ertrank. Man erblickt ihn tief unten. Nach dem Murettopass kommt man in die Mulde von Casarola di sopra, durch deren flache Wiese sich der Rio Incino schlängelt. Da der direkte Abstieg nach Altiaccio schwer zu finden ist, macht man sich besser auf den Umweg über die Alpe Salècchio nach Salècchio superiore. Das obere der zwei Dörfchen der ehemaligen Walsersiedlung Saley liegt auf 1500 m ü. M. hoch über dem Antigoriotal. Es besteht aus wenigen Wohnhäusern, Ställen und Scheunen. Sie sind über dem gemauerten Sockelgeschoss aus braungebranntem Holz gefertigt. Südlich davon befindet sich Salècchio inferiore mit der Kirche und dem Schulhaus. Die Bewohner lebten abgeschieden und autark von der Viehwirtschaft. Auf kleinen Äckern zogen sie Kartoffeln, Roggen und Hanf. Sie schnitten das Gras noch im 20. Jahrhundert mit Sicheln.

In den besten Zeiten wohnten mehr als hundert Leute in Saley und in den Weilern Fränkhüs (Casa Francoli) und Murant (Morando). Sie pflegten über den Albrunpass Kontakte ins Wallis und betätigten sich als Schmuggler. Viele wanderten bis nach Amerika aus. Jene, die blieben, heirateten Töchter oder Burschen aus Agaro und

Kapelle auf der Alpe di Vova.

dem Pomatt. Ins Wälschland, wie sie Italien nannten, hatten sie weniger Verbindung. Lange hielten sie Traditionen hoch, die anderswo verschwunden waren. Im Winter stellten sie die Uhrzeiger um zwei Stunden vor, sodass es in Saley schon sieben Uhr war, wenn es im Tal unten fünf schlug. Dann war es Zeit fürs Abendessen. Auch sprachlich waren sie ein Sonderfall. In den 1960er-Jahren entdeckte die Linguistin Gertrud Frei, dass es im Saleytitsch keinen «Präteritumsschwund» gegeben hatte. Im Unterschied zu allen anderen oberdeutschen Mundarten, zu denen Schweizerdeutsch zählt, war das Imperfekt als Vergangenheitsform neben dem Perfekt lebendig geblieben. In Saley sagte man nicht nur «ich han kässä» (ich habe gegessen), sondern auch «ich ass, du assùscht, är ass, wier assùn, ier assùt, schi assùn». Das reiche Idiom existiert heute nur noch in Büchern und auf Tonträgern. Sie belegen, dass diese Walser auch des Genitivs mächtig waren, der aus den meisten Mundarten verschwunden ist. «Ìch weis nìmme där Storjù Livrätù», bedauerten sie, wenn sie das Ende der Geschichte vergessen hatten. Die Geschichte von Saley endete 1963, als die letzten Dauerbewohner auszogen.

3 VARZO – ALPE VEGLIA – ALPE DEVERO – VALLE ANTIGORIO

Anreise/Start Zug bis Varzo
Rückreise Bus (Comazzi) ab Fondovalle/Stafelwald oder San Rocco nach Domodossola. Rückreisemöglichkeit auch ab Alpe Devero (s. Wanderung 4).
Karte Carta escursionistica 1:25'000 Nr. 9 (Val Divedro), 10 und 11 (Val Formazza)
Charakter Technisch leicht bis mittelschwer. Meist gut markierte Wege, ausgesetzte Stelle beim Abstieg vom Passo di Valtendra (3. Etappe).
Jahreszeit Mitte Juni bis Anfang Oktober
Einkehren/Übernachten Rifugio Pietro Crosta, oberhalb Varzo, rifugiocrosta.it, Tel. +39 340 825 92 34; Alpe Ciamporino: rifugio2000.com; Alpe Veglia (mehrere Angebote): consorzioalpeveglia.it; Alpe Devero (mehrere Angebote): alpedevero.it (unter Ospitalità); Salècchio superiore: Rifugio Zum Gora, rifugiozumgora.it; Baceno: Albergo Vecchio Scarpone, www.albergovecchioscarpone.com

1. ETAPPE VARZO – RIFUGIO PIETRO CROSTA
Wanderzeit 3½ Std.
Distanz 7,5 km **Aufstieg** 1220 m
Route Beim Bahnhof (ca. 530 m) entweder direkt durch Viale Stazione und Castelli zum Kern von Varzo oder (schöner) durch den Park und die Via Lorenzone (Mulattiera) bis zur Via Galtarossa aufsteigen. Hier rechts, dann durch Via Alneda und Via Zanalda. Gleich nach der Brücke zunächst dem eingefassten Rio Sangioanni entlang 500 m aufsteigen. Den weissroten Markierungen folgend auf die Mulattiera (F06). Diese führt über Weiler und Alpen (u. a. Durogna, Casa Grande, Dreuza) zur Alpe Solcio und zum Rifugio Pietro Crosta (1750 m).

2. ETAPPE RIFUGIO PIETRO CROSTA – ALPE VEGLIA
Wanderzeit 5 Std.
Distanz 13,5 km
Aufstieg 360 m **Abstieg** 360 m
Route Auf der AVD (Alta Via della Val Divedro) auf Bergweg und Naturstrasse zur Alpe Ciamporino, am Rifugio 2000 vorbei und via La Balma auf die Alpe Veglia (1750 m).
Hinweis Vom Rifugio Pietro Crosta lässt sich bei guten Bedingungen

Blumen am Weg.

durch den Vallone di Solcio der Monte Cistella (2880 m) besteigen (F06a). Abstieg auf F16 nach Ciamporino. Dauer 5½ bis 6 Std. Übernachtung auf der Alpe Ciamporino (Rifugio 2000).

3. ETAPPE ALPE VEGLIA – ALPE DEVERO
Wanderzeit 6½ Std.
Distanz 13,5 km **Aufstieg** 870 m
Abstieg 960 m
Route Via Cornu auf der (in Gehrichtung) linken Seite des Rio Frua aufsteigen. Bei der Käsealp auf dem Pian dul Scric über die Brücke und auf den Passo di Valtendra (2431 m). Dem Hang entlang über etwas ausgesetzte Passagen absteigen, dann via Lago d'Orogna zur Scatta d'Orogna (2461 m). Abstieg entweder direkt auf der GTA-Route oder nach gut 1 km nach rechts abzweigen und via Curt del Vel und Alpe Misanco (Abstecher zum Lago Nero möglich) zur Alpe Devero (1631 m).

4. ETAPPE ALPE DEVERO – SAN ROCCO
Wanderzeit 8–8½ Std.
Distanz 16,5 km
Aufstieg 1260 m **Abstieg** 2140 m
Route Ausgangs Alpe Devero über den Torrente Devero und (in Gehrichtung) rechts dieses Bachs zur Corte d'Ardui. Aufstieg über Alpe Sangiatto, Bocchetta di Scarpia (2248 m) und Alpe Poiala zum Passo del Muretto (2347 m). Abstieg via Casarola di Sopra nach Salècchio superiore (G27; Rifugio Zum Gora). Weiter nach Salècchio inferiore, Aufstieg auf der G19b nach Altiaccio und steiler Abstieg entlang des Rio Incino nach San Rocco (der direkte Abstieg Casarola–Altiaccio ist schwer zu finden und sehr steil, Weg von Salècchio inferiore nach San Rocco unauffindbar).
Alternative Ab Salècchio superiore nach Norden via Alpi di Vova und Antillone nach Fondovalle im Val Formazza.
Hinweis Etappe unterteilbar mit Übernachtung in Salècchio superiore (Rifugio Zum Gora).

5. ZUSATZETAPPE SALÈCCHIO SUPERIORE – BACENO
Wanderzeit (bis Baceno) 5 Std.
Distanz 12 km **Aufstieg** 480 m
Abstieg 1330 m
Charakter Auf dem Abschnitt zwischen dem Rio Incino und der Alpe Almaio ist der Weg schmal und stellenweise ausgesetzt. Nur für geübte Wanderer.
Route Ab Salècchio superiore zunächst wie 4. Etappe. Beim Abstieg von Altiaccio auf ca. 1100 m ü. M. nach rechts Richtung Almaio abzweigen (G40) und über den Rio Incino (! zweite Abzweigung wählen, nicht die erste Richtung Marchigiogno). Der Pfad führt schmal und ausgesetzt über Wildbäche nach Fiume. Beim Technikhaus durch ein Waldstück absteigen und zur Alpe Almaio. Auf spektakulärer Mulattiera via Wallfahrtskirche Madonna dell'Oro nach Albogno und Premia (Bushalt). Oder in Albogno geradeaus weiter auf der Mulattiera (keine Markierungen). Das Wohnquartier auf der Strasse umgehen und

VARZO – VALLE ANTIGORIO

rechts wieder auf die Mulattiera (G00). Über Rozzaro nach Pioda. Auf der Strasse durch das Dorf, nach der Kirche auf der unteren Gasse, der «Frazione Pioda», weiter. Unterhalb der Casa Vignole zurück auf den Wanderweg nach Baceno.

3A RUNDWANDERUNG
ALPE VEGLIA
Wanderzeit 5¾ Std. **Distanz** 13 km
Aufstieg/Abstieg 960 m
Charakter Mittelschwere Wanderung ohne ausgesetzte Stellen. Abkürzungsmöglichkeit bei den Laghi delle Streghe.
Route Vom Weiler Cornu (Rifugio) auf der GTA-Route südwärts zum Talausgang. Via Cianciavero dem Wildbach folgen und zuletzt steil zum Lago d'Avino (2246 m, F30a). Nordwärts weiter zu den Laghi delle Streghe, dann nach Westen, das Tal des Rio d'Aurona umrunden (F28a/F28) und zurück auf die Alpe.

3B RUNDWANDERUNG
PIZZO CAZZOLA (ALPE DEVERO)
Wanderzeit 5 Std.
Distanz 12,5 km
Aufstieg/Abstieg 700 m
Charakter Mittelschwere Wanderung ohne ausgesetzte Stellen.
Route Vom Eingang der Alpe Devero entlang dem Rio di Buscagna nach Pedemonte, Aufstieg zur Alpe Buscagna. Lago Nero, Curt dul Vel, Laghi di Buscagna (H11), Passo di Buscagna, Monte Cazzola (2330 m). Abstieg über den Bergrücken (H11a) und via Alpe Misanco und Pedemonte zurück zur Alpe Devero.

Weiterwandern
- Von der Alpe Devero über den Albrunpass ins Binntal und nach Binn (zwei Tage). Übernachten in der Binntalhütte des SAC (cas-delemont.ch, +41 27 971 47 97).
- Von der Alpe Devero via Scatta Minoia und Vallone di Nefelgiù (Übernachten im Rifugio Margaroli am Lago Vannino, rifugiomargaroli.it) nach Riale im Pomatt, weiter zum Lago Toggia (Übernachten im Rifugio Maria Luisa auf der Alpe Toggia) und über den Passo di San Giacomo ins Bedrettotal (drei Tage). Kombinierbar mit Nr. 4.

Schmelzwassersee unterhalb des Pizzo Cazzola.

HAUPTSACHE KÄSE UND BUTTER

Auf der Piazza Mercato in Domodossola, dem zentralen Marktplatz, war einst eine Ecke für die Anbieter von Butter reserviert. Die Bürger der Stadt genossen beim Kauf Priorität. Erst wenn vom Rathaus her die «Butterglocke» erklang, konnten auch Auswärtige mitbieten. Der Brauch illustriert, wie wichtig das Milchprodukt war: für Konsumenten wie für Produzenten, die Viehbauern und Hirten. Zu tun hat das mit der Struktur der Land- und Alpwirtschaft in den Ossolatälern. Wie in vielen alpinen Regionen litt sie unter dem Mangel an Getreide. Der Anbau von Roggen und Weizen auf den kleinen Terrassen deckte im Mittel nur den Bedarf von drei bis vier Monaten pro Jahr. Den Rest mussten die Familien zukaufen. Das nötige Geld beschafften sie sich mit dem Absatz von Produkten aus der Viehhaltung: vor allem Käse und Butter. Auf diesen Zusammenhang macht in seinem 1810 publizierten Buch *Quadro dell'Ossola* (Bild des Eschentals) der liberale Kleriker Nicolao Sottile aufmerksam. Er schreibt über das Val Formazza: «Der Roggen reicht für die Ernährung der Bewohner nicht; aber die Alpen, die zweifellos zu den grössten, schönsten und bequemsten des Eschentals zählen und die im Sommer von vielen Kuhherden belegt sind, von Ziegen und Schafen, ersetzen den Mangel an Grundnahrungsmitteln.»

Marktstand in Domodossola mit Käse von der Alpe Garione (Bognancotal).

VARZO – VALLE ANTIGORIO

Die Bergbauern führten traditionell ein Nomadenleben. Den Winter verbrachten sie im Tal beziehungsweise auf der untersten Stufe, wo das Vieh im Stall blieb oder auf den nahen Wiesen graste. Sie stellten dann vorwiegend Butter her. Im Frühling zogen sie mit Vieh und Habe zunächst hinauf auf die *monti,* die sie auch im Herbst noch einmal besiedelten. Den Hochsommer verbrachten sie ganz oben auf den *alpi.* Auf diesen Stufen war Käse das Hauptprodukt. Bevor im 19. Jahrhundert das Industriezeitalter anbrach und die grosse Abwanderung einsetzte, zeichneten sich zumal die nördlichen Ossolatäler durch einen hohen Viehbestand und eine entsprechend hohe Produktion von Käse und Butter aus, die auch exportiert wurden. Ein grosser Teil ging in die Region von Mailand und ins Novarese. Ab dem 16. Jahrhundert wurden die Produkte zudem nach Genua geliefert, wo man sie verschiffte.

Besonders bekannt und begehrt war der Bettelmatt-Käse. Er hat seinen Namen von der gleichnamigen, von Walsern besiedelten Alp am Griespass im Val Formazza/Pomatt. Sottile erwähnt die Reputation, die diese Sorte genoss: «Viele andere, weniger berühmte, aber ebenso gute Alpen geben nicht weniger hervorragenden Käse her, man schätzt diesen aber geringer, wenn er nicht unter dem Namen Batelmatt gehandelt wird.» Die Hirten trugen die Laibe ins Tal. Dort übernahmen Maultiere den Transport nach Domodossola, wo die Händler warteten. In alten Dokumenten wird das Val Formazza als *vallis formatica* bezeichnet. Der Historiker Tullio Bertamini vermutet, dass der Name auf das italienische Wort für Käse – *formaggio* – zurückgeht. Schon die Besiedlung im Mittelalter soll mit dem Nahrungsmittel zu tun gehabt haben. Das Adelsgeschlecht der de Rodis, das auf beiden Seiten des Alpenkamms ausgedehnte Ländereien besass, förderte die Zuwanderung von Walsern aus dem Wallis – und liess sich die Zinsen, die die neuen Untertanen schuldeten, mit Käse bezahlen. Tatsächlich dienten Käse und Butter während Jahrhunderten als Zahlungsmittel. Die Bauern beglichen damit Steuern und Abgaben, die sie den kirchlichen und weltlichen Herren zu entrichten hatten. Auch aus diesem Grund «standen die alpwirtschaftlichen Produkte in hohem Ansehen, bei den Bewohnern wie bei den Landesherren», schreibt Bertamini. Sogar die Armenfürsorge lebte vom Käse. Jede Alp musste einen kleinen Teil an die *consoli della Elemosina* abgeben. Die «Almosenräte», die in den meisten Gemeinden aktiv waren, bestritten damit soziale Aufgaben.

Den «Bettelmatt» gibt es noch. Er hat nach wie vor einen guten Ruf – und einen stolzen Preis. Er wird aus Rohmilch von Braunvieh-Kühen hergestellt, die auf sieben hoch gelegenen Alpen im Pomatt und im Valle Devero weiden (Morasco, Kastel, Val Toggia, Vannino, Poiala, Forno, Sangiatto). Ein Pflichtenheft regelt Herkunft und Herstellung, die Jahresproduktion ist beschränkt. In vielen Läden ist er schon im Frühling ausverkauft und erst im Herbst wieder verfügbar. Er gilt wegen der nur in diesen Höhen vorkommenden Kräuter, insbesondere der Edelraute, als sehr geschmackvoll. Der Vollfettkäse zählt zur Sorte der *Grassi delle Alpi*. Er stammt von Alpen, die sich auf über 1600 m ü. M. befinden, und wird vor dem Verkauf bis zu zwei Jahre gelagert. Vor allem im Antronatal, im Bognancotal und im Valle Vigezzo wurde auch *sbrinzo* hergestellt. Der Innerschweizer Hartkäse Sbrinz wurde im späten Mittelalter in grossen Mengen über den Griespass nach Mailand exportiert. Es ist anzunehmen, dass die Käser im Ossola ihn dadurch kennen und schätzen lernten.

Im Unterschied zu Käse und zur Butter waren Fleisch und Wurstwaren keine grosse Einnahmequelle. Sie waren als Ergänzung des Speisezettels hauptsächlich für den Hausgebrauch willkommen. Nicolao Sottile bezeugt das für das Pomatt, wo im Herbst die Bauern zu Metzgern wurden: «Alle schlachten und salzen mehr oder weniger Tiere, Ziegen, Lämmer, Kühe, je nach Bedarf der Familie.»

Angelo Pollini zeigt einen Bettelmatt-Käse.

Vor dem Wintereinbruch buken die Pomatter nach Walliser Brauch ausserdem das Brot aus Roggenmehl für das ganze Jahr. Sottile lobt dieses als «gesund, sehr hart, bestens dazu geeignet, die Magensäure aufzusaugen, die Schwierigkeit, es abzunagen, vermindert den Verbrauch.» Auf seinem Marsch durch das Pomatt und das Antigoriotal stellte der Genfer Naturforscher Horace Bénédict de Saussure (1740–1799) fest, dass man das Brot weder mit dem Messer schneiden noch mit den Zähnen beissen konnte: «Il me fut impossible de l'attaquer avec les dents», schreibt er im dritten Band der *Voyages dans les Alpes*. Seine Gastwirtin klärte ihn über den richtigen Umgang auf: Sie brach den Laib an einer Tischkante und weichte das Brot in Flüssigkeit auf.

Historisch ins Paradies

Baceno – Alpe Devero

4

Von Baceno führt ein Weg zum Lago di Agaro und weiter zur Alpe Devero. Die Walser benutzten ihn während 700 Jahren für den beschwerlichen Gang ins Tal. Die Alpe Devero zählt mit ihren Bergseen, den Wildbächen, Hochmooren und Weiden zu den schönsten Regionen der Südalpen.

Wer sich von Baceno via den Lago di Agaro zur Alpe Devero aufmacht, wandert auf historischen Pfaden. Während rund 700 Jahren nahmen die Walser von Ager diese Route unter die Füsse. Sie taten es aus wirtschaftlichen Gründen und auch der Religion halber. Die Leute von Agaro besassen zwar eine Kapelle, aber weder Pfarrkirche noch Friedhof. Deshalb stiegen sie für Taufen, Hochzeiten und um die Toten zu begraben rund tausend Höhenmeter hinunter zur Kirche von Baceno. Für Saumtiere gab es kein Durchkommen. Die Bergbewohner trugen ihre Lasten auf den eigenen Schultern, auch die Verstorbenen, die sie in Leintücher hüllten und auf Tragleitern legten. Diese Transporte waren vor allem im Winter gefährlich. Goffredo Casalis beschrieb 1833 den Weg nach Ager in seinem *Dizionario geografico, storico, statistico, commerciale,* den er für den König von Sardinien-Piemont verfasste: «Die Strasse windet sich durch Stellen voller Gefahren, geht über hohe und schreckliche Steilstufen, hart am Rand von furchterregenden Abgründen vorbei.» Mehr als einmal baten die Agaresi den Bischof vergeblich um das Recht, in ihren Bergen einen eigenen Gottesacker einzurichten.

Anstrengend ist die Route heute noch. Im Sommer ist sie aber gut begehbar, obwohl die abschüssigen Stellen geblieben sind. Geblieben ist auch die Abfolge der Wälder, Felsen und Alpen, die sich auf den flacheren Stufen sonnen, während man sich an der Westflanke der Pizzetta hocharbeitet. Auf der gegenüberliegenden Seite des Deverotals lassen sich die kahlen Gipfel des Monte Cistella und des Pizzo Diei blicken, man hört von weit her die Wasserfälle tosen, sieht ihre weissen Adern. Man geht durch Farn, kratzende Alpenrosen, freut sich am Schillern der Trichterlilien sowie an den Trompetchen der dunkelblauen Enziane. Bei der im Verfall begriffenen Alpe Suzzo alto ist die Schwelle zum Valle di Agaro erreicht. Ein Stausee füllt den Talgrund.

Wanderweg durch die Wiesen von Crampiolo.

Darin versank 1938 das Dorf Ager samt allen Häusern, den Ställen, dem Oratorio und den Wiesen. «Abitato sommerso di Agaro», untergegangene Siedlung von Ager, steht auf der Wanderkarte. Ein schwarzer Stern markiert die Stelle im hinteren Teil des Sees, wo sich einst das Dorf befand. Auf einer Informationstafel bei der Staumauer zeigt eine alte Fotografie drei Männer auf einer Barke vor der Kapelle, die schon zur Hälfte überschwemmt ist. Im Frühling, bei tiefem Wasserstand, sollen die Skelette der Gebäude manchmal wieder auftauchen.

Das untergegangene Dorf

Ager lag auf fast 1600 m ü. M. inmitten des eindrücklichen Bergkessels. Dieser wird im Westen von der Steilwand der Corona Troggi und im Osten von der Bergkette eingeschlossen, die sich vom Rossfurggelti bis zur Pizzetta hinzieht. Es war das höchste ganzjährig bewohnte Dorf im Ossola und auch das prekärste. Lawinen begruben es fünfmal, so will es die Überlieferung. Ebenso oft bauten es die Bewohner wieder auf. Zuletzt 1888, nachdem im Februar eine Lawine mehrere Wohnhäuser, Ställe sowie die Kapelle zerstört und drei Todesopfer gefordert hatte. Die Agaresi wandten sich in einem Brief an den Papst, um ihn um Hilfe zu bitten, wobei sie sich als «beschädigte, elende, schwache, aber treue Diener der Lehrmeinung des hochwürdigen Oberhaupts der Kirche» bezeichneten. Zu dieser Zeit zählte das Dorf gut hundert Einwohner. Nicht alle blieben während des Winters in dem exponierten Ort. Die Mehrheit zog es vor, von Dezember bis März in den weniger gefährdeten Weilern Ausone, Costa, Piodacalva und Cologno auszuharren, während sie im Sommer in ihrem Nomadendasein auch die höheren Alpen besiedelten, darunter die reiche Alpe Poiala auf 2150 m. In Ager hatten sich die Walser wegen der ausgedehnten Hochebene niedergelassen, die der Rio Agaro hier gebildet hatte: gutes Weideland, das jetzt der See zudeckt.

Sie lebten dort abgeschieden und bescheiden von und mit ihren Tieren. Im Herbst boten sie auf dem Markt von Domodossola Vieh und Käse an. Vom Erlös kauften sie die nötigsten Lebensmittel für den Winter, Mehl und Reis, bevor sie sich wieder in ihre Hütten aus Lärchenholz zurückzogen. Im Tal spottete man über die Tedesconi, die Deutschen, und machte Witze über ihren naiven Glauben an Geister und Legenden. War jemand krank, gab es meistens keine ärztliche Hilfe, die

Die Alpe Mollio alto duckt sich unter einem Felsen.

Bewohner vertrauten auf Naturheilmittel. Die Kinder wurden nur im Sommer unterrichtet, wenn der Geistliche den Ort erreichte. Der italienische Walserforscher Renzo Mortarotti beschreibt die letzten Bewohner, die er noch kannte, als «zutiefst menschlich und vernünftig, stolz auf ihr freies und unabhängiges Leben, gastfreundlich und umgänglich, sobald die anfängliche Schüchternheit überwunden ist». Zum Bau der Staumauer hatten sie nichts zu sagen. Der Staat entschädigte sie und siedelte sie in die Gemeinden im Antigoriotal um, wo sie weiter als Kleinbauern und Viehzüchter lebten. Die Walser waren zu jener Zeit weitgehend italianisiert. Diesem Prozess waren auch die Familiennamen unterworfen. So verwandelte sich das deutsche Geschlecht der Heini im Lauf der Jahre zum italienischen Deini. Schon im Jahr 1752 verneinte ein bischöfliches Gutachten die Notwendigkeit, einen deutsch sprechenden Geistlichen nach Agaro zu delegieren. Die Bewohner seien zwar deutscher Herkunft, aber alle verstünden auch Italienisch: alle, ausser die alten Frauen und die Kinder.

Der Übergang zur Alpe Devero
Via die Alpe Devero und die Pässe, die von dort ins Binntal führen, pflegten die Agaresi Kontakte in ihre Urheimat. Sie deckten sich in Binn mit Zucker, Kaffee, Salz und Tabak ein, den auch die Frauen gerne rauchten oder kauten. Nach der Staumauer gilt es auf dem Weg zur Alpe

Devero eine weitere Steilstufe zu bewältigen. Man blickt hinunter auf die schöne grüne Matte der Alpe Nava, auf der die Walser das Vieh sömmerten. Sobald dieser Einschnitt überwunden ist, steht man am Rand einer völlig neuen Umgebung. War die Landschaft bisher schweisstreibend, schroff und abschüssig, geprägt durch die Vertikale, ist sie auf einmal weitläufig, sanft und gewellt. Lichte Lärchenwälder, Moore und Weiden wechseln sich ab, eine Wegspur weist die Richtung zum ersten der drei Sangiatto-Seen, der in einer Gletschermulde aus der Eiszeit liegt. In seinem stillen Wasser spiegeln sich die Nadelbäume und die Grenzgipfel zum Binntal: vom Scherbadung (Cervandone) bis zum Ofenhorn. Sie haben vor kurzem eine letzte Ladung Schnee abbekommen, sodass sie sich leuchtend hell vom strahlenden Blau des Himmels abheben. Der Bergsee ist randvoll. Das Wasser ist vor dem Alpaufzug besonders klar. Auch wenn es sehr kühl ist, kann man seiner Verlockung keinesfalls widerstehen. Das Bad wirkt wie ein Jungbrunnen anregend auf Haupt und Glieder. Sollte es irgendwo ein Paradies geben, dann haben sie hier eine Kopie davon erstellt.

Als Wanderer zieht man weiter, durchquert beim Abstieg nach Crampiolo eine Zone mit etlichen Wildbächen, die sich ihre Täler und Tälchen geschaffen haben. Während der Schneeschmelze quellen sie über von klarem Wasser, später im Sommer trocknen manche aus. In felsigen Partien verwandeln sie sich in weisse Kaskaden; im flacheren Land strömen sie weiter, perlend, gurgelnd, glitzernd, rauschend und immer berauschend. Wie ein geselliges und lustiges Festvolk reisen die Gewässer aus allen Richtungen zu Tal, sie vereinigen sich, tanzen und wirbeln sorglos fort. Die Route überquert zunächst den Rio del Sangiatto, dann beim Weiler Crampiolo den Torrente Devero. Es ist einer der drei grossen Bäche, die sich am tiefsten Punkt der Alpe Devero sammeln, um anschliessend als mächtiger Wasserfall über eine nächste Steilstufe zu stürzen. Hier endet das Paradies. Der grosse Parkplatz, der an der Zufahrt unterhalb der Alpe Devero eingerichtet ist, katapultiert einen mental zurück in die Realität. Die Alpe selber darf nur mit Spezialbewilligung befahren werden. Sie ist weitgehend autofrei, was wesentlich zu ihrem seltenen Reiz beiträgt.

Oben: Der oberste Sangiatto-See mit dem Pizzo Crampiolo Sud/Pizzo Fizzi.
Unten: Bei Corte Verde oberhalb des Lago di Agaro.

An den Rändern hat es Platz für mehrere Weiler, die als Feriensiedlungen genutzt werden. Gleich am Anfang der Hochebene bilden die Kapelle und die schmucke Pensione Fattorini das Empfangskomitee.

Der bedrohte Naturpark

Rechts davon erhebt sich vor einer bewaldeten Anhöhe wie eine alte Burg die Ruine des Hotels Cervandone, das 1972 den Betrieb einstellte und 2015 einer Feuersbrunst zum Opfer fiel. Man spricht von Brandstiftung. Nichts lässt erahnen, dass es einst ein Symbol der Belle Époque war. «Die gute Küche belohnte die wagemutigen Kletterer, der Schaumwein floss in Strömen, während das Orchester bis in die frühen Morgenstunden Walzer und Mazurken spielte», heisst es in einem Bericht. Von der Küche des Cervandone schwärmte auch Giovanni Leoni, der bekannteste Dialektdichter des Ossola. Er war Bergsteiger, Lebemann, Gourmet und Präsident der Sektion Domodossola des Club Alpino Italiano (CAI). Sein Vermögen hatte er mit einem Handelsschiff in Patagonien gemacht. Nach der Rückkehr schrieb er unter einem Pseudonym Spottgedichte. Die meisten wurden erst nach seinem Tod im Jahr 1920 veröffentlicht. 1910 gründete er den Verein Pro Devero, um den Tourismus zu fördern.

Heute ist die Alpe Devero eine der Hauptattraktionen im Ossola. Auf den einfacheren Wanderstrecken herrscht im Sommer viel Betrieb, manchmal zu viel. Als Ziele beliebt sind die leicht erreichbaren Bergseen, der Lago Nero oder der Lago delle Streghe. Auf weniger Touristen und Ausflügler in Turnschuhen trifft man auf den anspruchsvolleren Rundtouren (s. Vorschläge). Die Alpe Devero wird gerne als Perle der Lepontischen Alpen bezeichnet. Sie zählt ohne Zweifel zu den schönsten Landschaften der Südalpen. Seit 1990 ist ein Streifen südlich der Schweizer Grenze als Naturpark geschützt. 1995 wurde er mit dem älteren Naturpark der Alpe Veglia zum 86 Quadratkilometer grossen Parco Naturale Veglia-Devero vereint. So ist es gelungen, das Gebiet in seiner Ursprünglichkeit zu erhalten. Das ist nicht selbstverständlich. Die Alpe Veglia sollte einst von einem Stausee verschluckt werden, für die Alpe Devero und angrenzende Gebiete existierten skitouristische Projekte.

Das ist jetzt wieder der Fall. 2017 lancierte eine Unternehmergruppe unter der Führung einer Schweizer Investorenfirma das

Der Torrente Devero strömt durch den Weiler Crampiolo.

Projekt «Avvicinare le montagne» (die Berge verbinden). Es will die Skigebiete von San Domenico mit jenen am Rand der Alpe Devero zusammenschliessen. Dazu sind vor den Toren des Naturparks neue Bergbahnen geplant, die andere Infrastrukturen nach sich ziehen würden. Sie tangieren auch das bisher weitgehend unberührte Valle Bondolero und den einsamen Gipfel des Monte Cazzola, der mit einer Luftseilbahn erschlossen würde: eigentlich ebenfalls gesetzlich geschützte Zonen, die an den Naturpark angrenzen. Dennoch unterstützen die Standortgemeinden Trasquera und Baceno das Vorhaben ebenso wie die Provinz Verbano-Cusio-Ossola. Viele Liebhaber der Region und die Naturschutzorganisationen sind alarmiert. Die Anlagen würden die Schönheit dieser Berge schwer beschädigen, befürchten sie. Sie erachten auch die Alpe Devero als bedroht, weil sie ihren Charakter verlieren und sich immer mehr in eine banale Skistation verwandeln könnte. Auch drei einheimische Gastwirte bekämpfen die Pläne. Sie haben sich seit Jahrzehnten für einen Tourismus in Einklang mit der Natur eingesetzt und sehen diese Arbeit nun infrage gestellt. Unter den Einheimischen sind sie allerdings in der Minderheit: «Wenn so viel Geld in Spiel ist, ist es schwierig, die Leute zur Vernunft zu bringen», stellt der Wirt des CAI-Rifugio fest.

4 BACENO – ALPE DEVERO

Anreise/Start Bus ab Domodossola bis Baceno (Linie ins Valle Antigorio)
Rückreise Prontobus ab Alpe Devero (beide Linien beachten). Fahrplan: valdivedro.it/prontobus-varzo
Jahreszeit Juni bis Oktober (je nach Schneeverhältnissen)
Wanderzeit 6½ Std. **Distanz** 13 km
Aufstieg 1500 m **Abstieg** 430 m
Charakter Lang, mit wenigen ausgesetzten Stellen. Meist gute Wege, ausreichend bis gut markiert.
Karte Carta escursionistica 1:25'000 Nr. 9 (Val Divedro)
Einkehren/Übernachten Baceno: Albergo Vecchio Scarpone, albergovecchioscarpone.com; Alpe Devero (mehrere Angebote): alpedevero.it (unter Ospitalità).
Route In Baceno (655 m) beim Bushalt die Treppe rechts neben dem Gemeindehaus hochsteigen. Hinter dem Haus kurz geradeaus, dann auf der nächsten Treppe zur Strasse hoch. Dieser 50 m aufwärts folgen, auf der linken Seite in den Wanderweg Richtung Premia (H00a). Beim ersten Bildstock links aufsteigen (H02, zunächst nicht als Wanderweg markiert). Links an den Häusern von Cresta vorbei und auf dem Hauptpfad verbleibend zur Alpe Beulino (erst nur spärlich markiert, dann gut). Über Cima Chioso und Mollio alto nach Suzzo alto (ca. 1670 m). Abstieg zur Staumauer des Lago di Agaro. Abstieg zu ihrem Fuss (kein Zugang zur Krone). Über den Rio di Agaro, dann via Margone (H10) zur Hochebene (ca. 2050 m) unterhalb der Corona Troggi aufsteigen. Weiter zu den Laghi del Sangiatto. Unterhalb des dritten Sees nordwärts auf den Pfad nach Crampiolo (H16). Von hier via Vallaro zum Rifugio E. Castiglioni oder direkt zur Alpe Devero (1630 m).
Weiterwandern Kombinierbar mit Nr. 3.

4A ZU DEN ORRIDI BEI BACENO
Die Orridi (Abgründe) sind kurze, auf natürliche Weise trockengelegte Schluchten eines früheren Toce-Laufs unterhalb von Baceno, die teils begehbar sind.
Wanderzeit 2½ Std. **Distanz** 7,5 km
Aufstieg 350 m **Abstieg** 200 m
Charakter Leicht
Jahreszeit April bis November
Karte und Unterkunft Wie Nr. 4
Route In Baceno durch die Via Marconi zur San-Gaudenzio-Kirche (sehenswert). Abstieg auf dem gepflasterten Wanderweg (H00) nach Balmalcore und am Schluss auf dem Kiessträsschen zum Orrido del Sud (ca. 250 m begehbar). Abstieg zum Toce. Man überquert ihn auf einem Steg bei den Marmitte dei Giganti (Gletschermühlen). Aufstieg (G06) nach Crego mit dem Rifugio Monte Zeus und der Kapelle aus dem 19. Jahrhundert (Oratorio). Abstieg rechts neben der Kapelle

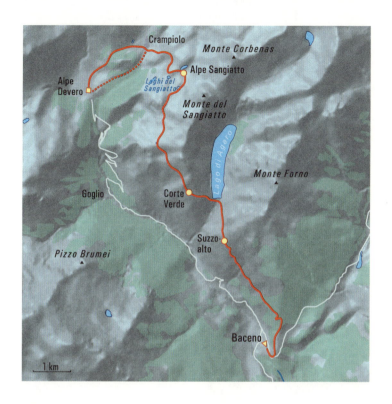

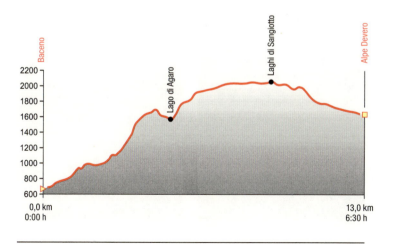

BACENO – ALPE DEVERO | 79

Richtung Orrido di Arvèra bis zu den Betonplatten der Wasserleitung. Auf diesen talaufwärts. Nach ca. 1 km auf einem Pfad weiter und am Wasserfall des Rio d'Alba vorbei nach Cagiogno. Auf dem Steg über den Toce, dem Bach entlang direkt über die Matte zum Bildstock an der Hauptstrasse aufsteigen und 300 m nach links ins Dorf Premia (Bushalt, Bar).
Hinweis Abstieg nach Baceno wie Schluss 4b.

4B FONDOVALLE – SAN ROCCO/BACENO
Schöne Höhenwanderung über dem Antigoriotal mit Besuch des Walserorts Saley/Salècchio. Fortsetzung auf einem am Anfang ausgesetzten, dann guten Weg bis Baceno möglich.

Anreise/Start Bus ab Domodossola bis Fondovalle (Linie ins Antigoriotal)
Rückreise Bus ab San Rocco, Premia oder Baceno nach Domodossola
Wanderzeit 5½/8 Std. mit Variante **Distanz** 12/18,5 km
Aufstieg 640 m/900 m
Abstieg 1080 m/1470 m
Charakter Mittelschwer. Anspruchsvolle ausgesetzte Stellen bei der Variante nach Baceno.
Jahreszeit Juni bis Oktober
Karte Carta escursionistica 1:25'000 Nr. 11 (Val Formazza) und Nr. 9 (Val Divedro)
Einkehren/Übernachten
Salècchio superiore: Rifugio Zum Gora, rifugiozumgora.it
Route In Fondovalle/Stafelwald (1220 m) auf der alten Strasse ab-

In den Orridi von Baceno.

Der Weg nach Antillone.

wärts und durch die Unterführung. Nach 15 Min. nach rechts auf den Kreuzweg und Aufstieg via Antillone zu den Alpi di Vova (G27). Über den Torrente Vova und via Case Francoli nach Salècchio superiore. Abstieg nach Salècchio inferiore. Aufstieg via Morando nach Altiaccio (1600 m, G19). Steiler Abstieg entlang dem Rio Incino ins Tal (der direkte Abstieg ab Salècchio inferiore ist unauffindbar). Zuletzt 300 m auf der Strasse nach San Rocco (760 m, Bushalt).
Variante Beim Abstieg von Altiaccio bei der zweiten Abzweigung nach rechts über den Rio Incino (!, nicht schon beim Stein mit der Aufschrift Marchigiogno). Auf teils ausgesetztem Höhenweg (G40) via Fiume nach Almaio. Abstieg auf der Mulattiera (G17) an der Wallfahrtskirche Madonna dell'Oro vorbei. In Albogno Abstieg nach Premia (Bus) oder weiter geradeaus durch einen nicht markierten Hohlweg zur Strasse. Das Quartier umgehen und auf der anderen Seite weiter auf der Mulattiera (G00) durch Rozzaro und Pioda. Beim Bildstock rechts durch den Wald nach Baceno absteigen (H00a). Auf der Strasse kurz abwärts und links über eine Treppe ins Zentrum.
Weiterwandern Kombinierbar mit Nr. 3.

4C RUNDWANDERUNG GLI ORLI, RIO DELLA VALLE (ALPE DEVERO)

Kleine, reizvolle Entdeckungstour zu Wasserfällen, Alpen und Seen.
Wanderzeit 4½ Std. **Distanz** 13 km
Aufstieg/Abstieg 600 m
Charakter Leicht bis mittelschwer, ohne ausgesetzte Stellen.
Karte Carta escursionistica 1:25'000 Nr. 10 (Val Formazza)
Jahreszeit/Unterkunft Wie Nr. 4
Route Beim Eingang der Alpe Devero über den Torrente Devero, Abstieg nach Cologno (H10), Aufstieg zur Forcoletta (1889 m), Abstieg bis zum Kiessträsschen (H12), nach rechts zur Alpe Sangiotto, über die Corte Corbenas bis zum Rio della Valle (H12a), dem Südufer des Lago di Devero entlang und via Crampiolo und Corte d'Ardui oder Vallaro zurück.
Variante Ab dem Rio della Valle via Lago della Satta zur Alpe Forno inferiore (H12b) verlängern und auf der GTA-Strecke zurück nach Crampiolo.

4D RUNDWANDERUNG ZUM LAGO POIALA (ALPE DEVERO)

Tagestour zu landschaftlichen Schönheiten der Region, darunter Lago und Passo di Pojala.
Wanderzeit 5 Std. **Distanz** 11 km
Aufstieg/Abstieg 880 m
Charakter Technisch leicht und ohne ausgesetzte Stellen.
Jahreszeit/Karte/Unterkunft Wie Nr. 4c
Route Von der Alpe Devero auf der Südseite des Torrente Devero zur Corte d'Ardui. Aufstieg via Sangiatto zur Bocchetta di Scarpia (2248 m). Via Alpe Pojala und Lago Pojala zum Passo di Pojala (2405 m). Abstieg via Alpa Naga entlang dem Rio della Valle (H14) nach Crampiolo.

DAS ERBE DER SCHMUGGLER

Es sei manchmal schwierig gewesen, sich vor den Zöllnern zu verstecken, sagte der ehemalige Schmuggler Rinaldo Botti aus Pieve Vergonte gegenüber dem Journalisten Erminio Ferrari: «Einmal waren wir 140 Leute, die von Mattmark herunterkamen. Kannst du dir vorstellen, wie lang eine solche Kolonne ist?» Botti war eigentlich Metallarbeiter in der Sisma in Villadossola. Sein Lohn war knapp. Er musste auch für seinen Vater sorgen, einen ehemaligen Minenarbeiter. Dieser war an Silikose erkrankt, bekam aber keine Rente. So begann sein Sohn in den 1960er-Jahren als Contrabbandiere zusätzliches Geld zu verdienen. 30 Kilogramm wog laut Botti die mit Zigaretten beladene «Bricolla», der einfache Jutesack mit Tragriemen, den er über die Pässe schleppte. Andere Quellen geben Traglasten zwischen 25 und 45 Kilogramm an, mit denen sie oft in der Nacht und in zügigem Tempo unterwegs waren. In den guten Zeiten verdienten die Schmuggler mit einer Ladung Zigaretten umgerechnet etwa hundert Franken, was viel Geld war.

Bottis Erinnerung illustriert, wie wichtig das Schmugglerhandwerk im Grenzgebiet zwischen Italien und der Schweiz einst war. Hunderte von Einheimischen verdienten damit ihr Geld. Man nannte sie «Spalloni», weil sie die Lasten auf den *spalle*, den Schultern, trugen. Am Schmuggel waren ausser den Trägern auch Zulieferer und Händler beidseits der Grenze beteiligt. Der Schweizer Grenzort Gondo war bekannt als Umschlagplatz. Mitten im Dorf erinnert heute der Brunnen mit der Figur eines Bricolla-Trägers an die Zeiten, als im Stockalperturm täglich Dutzende von Schmugglern mit Waren beladen wurden. Nach dem Zweiten Weltkrieg, als der «kleine Grenzverkehr» mit Zigaretten florierte, existierten auch in Brissago, Spruga, Camedo und Palagnedra im Centovalli und im Saastal Verteilzentren. Ein grosses Preisgefälle und hohe Zölle waren die Voraussetzung, damit sich das Geschäft auszahlte.

Der Schmuggel bildete eine Paralleökonomie, für deren Auf und Ab die wirtschaftliche Lage, die Arbeitslosigkeit und das Lohnniveau eine Rolle spielten. Nach dem Ersten Weltkrieg, als viele Italiener auf den Grossbaustellen für die Wasserkraftwerke in den Ossolatälern Arbeit fanden, war die Nachfrage nach preisgünstigen Lebensmitteln und Zigaretten besonders gross. Das Geschäft war nicht ausschliesslich Männersache. Oft beförderten Frauen die Waren aus den Dörfern bis zu den vereinbarten Treffpunkten, an denen die Spalloni sie abholten. Manchmal wurden auch Kinder eingespannt. So hielten die Finanzwächter 1896 in Iselle ein zehnjähriges Mädchen an. Es war ihnen aufgefallen, weil es hinkte. In seinen Schuhen fanden sie 750 Gramm Kaffee.

Erminio Ferrari, der im Jahr 2000 ein Buch über den Schmuggel zwischen dem Eschental, dem Tessin und dem Wallis veröffentlichte, unterscheidet drei Epochen. Entsprechend der «Leitwaren», die über die Berge transportiert wurden, bezeichnet er sie als Perioden des Kaffees, des Reises und der Zigaretten. Der Zigarettenschmuggel blühte zwischen 1950 und 1970, als die Raucherwaren in Italien dreimal so teuer waren wie in der Schweiz (ein Päckchen kostete hier rund 70 Rappen). Der Handel war nur in Italien verboten, aber nicht in der Schweiz, wo die Zollverwaltung die Ausfuhr ab 1948 offiziell unter dem Namen «Export II» erfasste und verzollte. In allen Perioden trugen die Schmuggler allerdings unterschiedliche Güter über die Berge. Lange Zeit war Salz mit dabei. Es war zum Konservieren von Lebensmitteln unentbehrlich und mit hohen Zöllen belegt. Die «Kaffeeperiode» dauerte laut Ferrari von der Mitte des 19. Jahrhunderts bis zum Zweiten Weltkrieg. Im Puschlav verbreiteten die Röstereien aber noch in den 1960er-Jahren ihren Kaffeeduft.

Ein Schmuggler mit Bricolla.

Die meisten Schmuggler hatten in beiden Richtungen Waren mit dabei. Ende Oktober 1914 machte sich eine Gruppe von neun Männern aus dem Bognancotal auf, um Reis, Mais, Mehl, und Stoffe in die Schweiz zu tragen. Auf dem Rückweg hätten sie Kaffee, Saccharin, Zigaretten und Salz mitgebracht. Der Gang über die verschneiten Berge endete tragisch. Eine Lawine erfasste einen Teil der Gruppe beim Abstieg vom Monscerapass, die anderen starben später an Erschöpfung. Sie wurden auf dem Friedhof von Gondo begraben. Der Jüngste, Giuseppe Villa, war 18 Jahre alt. Kamen Schmuggler ums Leben, verhüllten die italienischen Zeitungen die wahre Ursache. Meist hiess es, sie seien auf der Suche nach Vieh verunfallt. Das war auch im Sinn der Angehörigen, die sich Scherereien mit der Zollverwaltung ersparen wollten.

Um sich der Verhaftung zu entziehen, versuchten die Schmuggler meistens zu fliehen, wenn eine Patrouille der Guardia di Finanza sie entdeckt hatte. Sie liessen die Bricolle stehen, um sich leichter aus dem Staub machen zu können. So hatten sie zwar den finanziellen Verlust zu tragen, entgingen aber der Strafe. Wurden sie ergriffen und vor Gericht gestellt, mussten sie mit Bussen oder Gefängnis rechnen. Das Verhältnis zwischen den Angehörigen beider Parteien, der Jäger und der Gejagten, die einander oft persönlich kannten, war kompliziert. Die Bevölkerung stand auf Seiten der Schmuggler, die aus ihren Reihen stammten. Sie sah es nicht gerne, wenn die Staatsbeamten allzu eifrig vorgingen. Zum Zeichen, dass die Luft rein war, hängten die Frauen in den Dörfern weisse Wäsche auf. Es gab immer wieder Fälle, in denen die Zöllner darauf verzichteten, die ertappten Schmuggler festzunehmen, und sie stattdessen mit einem Teil der Packungen laufen liessen. Manchmal kam es allerdings zu Schiessereien. Die Zwischenfälle wurden im Zweiten Weltkrieg heftiger, als die italienische Grenze rigoros kontrolliert wurde. Zwischen 1943 und 1948 sollen insgesamt 31 Schmuggler erschossen worden sein. Manche Spalloni kannten ihrerseits kein Pardon. So wurde 1945 in den Bergen zwischen Binn und dem Pomatt der Schweizer Grenzwächter Arthur Sauter angeschossen und erschlagen.

Am umstrittensten war die kurze «Periode des Reises». Sie begann während des Zweiten Weltkriegs und endete 1946. Der Hauptwarenstrom verlief nun in umgekehrter Richtung; die Schweiz importierte in grossem Stil geschmuggelte Lebensmittel aus Italien. Vor allem Reis wurde auf dem Schwarzmarkt im Novarese beschafft und dann von Frauen in Koffern mit doppeltem Boden, in Schürzen und auf andere einfallsreiche Weise in die Täler transportiert, wo die Spalloni warteten. Trotz der Grenzkontrollen müssen sie Hunderte von Tonnen über die Pässe getragen haben. Auslöser war die Rationierung der Lebensmittel. Am Anfang des Krieges konnten pro Person und Monat immerhin 250 Gramm Reis legal bezogen werden, ab 1942 wurde er von den Rationierungskarten gestrichen. Wer das nötige Kleingeld hatte, besorgte sich fortan den Reis auf dem Schwarzmarkt, den die Schmuggler belieferten.

Dieser Handel führte beidseits der Grenze zu Kritik. Die Beteiligten mussten sich den Vorwurf gefallen lassen, Lebensmittel aus Italien zu entführen, wo die Leute selber kaum genug zu essen hatten. Umgekehrt fanden grosse Mengen von Saccharin den Weg in den Süden, denn dort fehlte es an Zucker. Auch für diese Ware war Gondo der Umschlagplatz. Die halbe Bevölkerung machte mit. Sie nutzte im Winter 1944/45 sogar die Beerdigungsfeier für die Mutter des Dorfpfarrers, um Saccharin inkognito über die Grenze nach Iselle zu befördern, wo die Trauergemeinde die Bahn nach Brig bestieg. Der Süssstoff war in den Kleidern und im Sarg versteckt, der auf einem Lastwagen vorausfuhr. Das war ziemlich riskant. Auf dem italienischen Abschnitt bewachten deutsche Soldaten den Leichenzug mit Maschinenpistolen.

Viele Schmuggler wurden im Krieg zu Schleppern. Sie halfen, manchmal gegen gutes Geld und meist aus Überzeugung, zahlreichen Flüchtlingen, aus Italien zu entkommen. Der Strom war nach dem 8. September 1943 besonders gross, als der Waffenstillstand zwischen Italien und den Alliierten bekannt gegeben wurde, worauf die deutschen Truppen die nördliche Hälfte Italiens besetzten. Oppositionelle, entwichene Kriegsgefangene, Deserteure und die nun auch in Italien stärker verfolgten Juden versuchten unentdeckt die Schweiz zu erreichen. Bekanntlich nahm die Schweiz nicht alle auf. «Die überwiegende Mehrheit der Abgewiesenen waren Juden», schreibt Ferrari. Vielen gelang aber die Flucht ins Tessin und ins Wallis. Der Historiker Teresio Valsesia aus Macugnaga hat die Zeugnisse von Schleppern aus dem Anzascatal gesammelt, die mehreren Hundert Juden den gefährlichen Weg vom Valsesia durch das Valle Quarazza und via Macugnaga ins Saastal wiesen. Sie überschritten die «Grenze der Hoffnung» meist auf dem 2800 m hohen Monte-Moro-Pass in der Dunkelheit der Nacht. Allein der legendäre Leo Colombo soll über 300 Flüchtlinge begleitet haben, darunter 239 Juden. Er war auch Mitarbeiter des Widerstands und versorgte den Nachrichtendienst der Alliierten in Lausanne mit Informationen.

Das Ende des traditionellen Schmuggels kam mit den 1970er-Jahren, als der Franken gegenüber der Lira an Wert gewann. 1971 verhafteten die Zöllner erstmals einen Drogenkurier im Simplontunnel. Der Drogenschmuggel, der nun aufkam und bei dem die Ware selber illegal war, stand unter der Kontrolle von kriminellen Banden und benutzte andere Routen und Transportmittel. Als die Zollschranken fielen, war die Zeit der Spalloni endgültig vorbei. Sie haben aber ein Erbe hinterlassen, das Alpinisten und Wandersleuten noch heute zugutekommt. Die Schmuggler kannten sich in den Bergen bestens aus. Einzelne Routen und Übergänge, die sie begingen, wurden zu Wanderwegen. Wie eng die Verwandtschaft zwischen Schmuggel und Alpinismus war, unterstreicht auch der Umstand, dass bekannte Bergführer gleichzeitig als Contrabbandieri tätig waren.

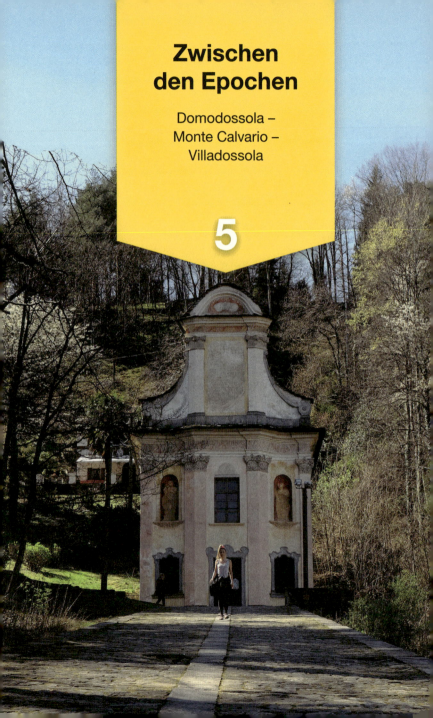

Zwischen den Epochen

Domodossola –
Monte Calvario –
Villadossola

5

Nach dem Aufstieg von Domodossola zum Sacro Monte Calvario folgt man dem Höhenweg an der Ostflanke des Moncucco bis nach Sogno und steigt dann ab nach Villadossola. Die Dörfer am Weg geben Einblick ins ehemalige Landleben.

Auf dem Mattarella-Hügel im Süden Domodossolas ist ein Gesamtkunstwerk aus Architektur, Landschaftsgarten, Skulpturen und Malerei zu besichtigen: der Sacro Monte Calvario di Domodossola, wie er mit vollem Namen heisst. Kalvarienberge sind Nachbildungen des Kreuzwegs auf den Berg Golgatha, die Hinrichtungsstätte von Jesus. Während der Gegenreformation waren solche Heiligenberge beidseits der Alpen sehr beliebt. Sie dienten der Andacht und auch dazu, dem einfachen Volk, das weder lesen noch schreiben konnte, die Leiden Christi vor Augen zu führen, sowie seine Auferstehung und damit den Triumph des Glaubens und des Lebens über den Tod. Es waren sehr katholische Lehr- und Erlebnispfade.

Der Kalvarienberg von Domodossola ist besonders schön und grosszügig angelegt. Man erreicht ihn vom Bahnhof in einer halben Fussstunde. Die 15 Stationen sind als Kapellen gestaltet, in denen Fresken und lebensgrosse Skulpturen die Passionsgeschichte erzählen. Die Unesco hat das Werk zusammen mit acht weiteren norditalienischen Kalvarienbergen in die Liste des Weltkulturerbes aufgenommen. Die düstere erste Kapelle, in der Jesus vor Pilatus tritt, steht ziemlich unscheinbar neben einem Trottoir im Wohnquartier am Fuss des Mattarella. Sie ist jüngeren Datums und wurde um 1900 neu gebaut. Eine Explosion hatte die Vorgängerkapelle zerstört, die seit napoleonischer Zeit als Munitionslager gedient hatte. Eine breite Rampe steigt hoch zu den nächsten Stationen, bis man die Hügelkuppe erreicht. Hier befindet sich ein parkartiges Ensemble aus runden, viereckigen und oktogonalen Kapellen, aus Treppen, der Wallfahrtskirche und dem Klostergebäude der Rosminianer mit schönen Perspektiven auf die Ebene von Domodossola und ins nahe Gebirge.

Der Sacro Monte entstand etappenweise während 250 Jahren. Entsprechend sind unterschiedliche Baustile vom Barock bis zum Neoklassizismus vertreten. Das Werk geht auf die Initiative zweier

Aufstieg zum Sacro Monte Calvario bei Domodossola.

Kapellen und Kloster auf dem Sacro Monte.

Kapuzinermönche zurück. Als erster Bau entstand 1657 die Wallfahrtskirche zum Heiligen Kreuz, in die die zwei Kapellen mit dem Tod am Kreuz und der Grablegung integriert sind. Die Bevölkerung trug mit Spenden und durch freiwillige Arbeit zum Gelingen bei. Zu den Förderern zählte Kaspar Stockalper. Er floh nach seinem Sturz 1679 nach Domodossola ins Exil. Aus dem Stockalperschloss zog er in das unscheinbare Haus um, das er am Rand des Sacro Monte gebaut hatte. Es dient heute der Verwaltung des Schutzgebiets des Mattarella-Hügels. In der fünfzehnten und letzten Kapelle stellen Fresken und Skulpturen die Auferstehung dar. Sie wird als «Paradiso» bezeichnet. Für die Figur des Kaspars soll Stockalper Modell gestanden haben. Ob wahr oder gut erfunden: Zum sehr gläubigen und sehr eitlen Unternehmer passt diese Pose. Höher als das Paradies ragen zuoberst auf dem Hügel die dunklen Ruinen der langobardischen Burg empor. Sie wurde 1415 von den Eidgenossen zerstört, als sie das Eschental besetzten.

Einblicke ins Dorfleben
Auf dieser Wanderung prallen zwei Epochen aufeinander. Während von der Ebene das Rauschen des Verkehrs zu vernehmen ist,

Durch den schmucken Weiler Tappia.

lässt man sich am Ostabhang des Moncucco in die Zeiten zurückversetzen, in denen das Gros der Bevölkerung von der Landwirtschaft lebte. Der Pfad führt durch Dörfer und Wald, über Gräben und Bäche. Wählt man in Cruppi den oberen Weg, kommt man nach Quana und dann in sonniger Lage zum Landwirtschaftsgut La Tensa. Die Bewohner verliessen es in den 1960er-Jahren. Mauern und Dächer verfielen, Wald überwucherte die Terrassen. La Tensa teilte das Schicksal von unzähligen Siedlungen in der Region. Nun ist es zu neuem Leben erwacht. Eine private Gesellschaft hat das Anwesen fachgerecht restauriert und zu einem «Agriturismo» gemacht, einem Bauernhof, der Gäste beherbergt. Das Restaurant setzt auf regionale Produkte. Auf den erneuerten Terrassen wachsen wieder Reben. Der Weinbau hat hier Tradition. In Anzuno, dem nächsten Weiler, steht in einem Gebäude eine der wenigen noch funktionierenden piemontesischen Pressen, mit denen nebst Traubensaft auch Öl aus Nüssen gewonnen wurde. Typisches Merkmal der Geräte ist der aus Kastanien- oder Eichenholz gefertigte zentnerschwere Pressbalken. Er liegt auf zwei Traggerüsten auf und wird mit einem senkrechten Holzgewinde bewegt. An diesem hängt ein schwerer Stein, der den Druck erhöht. Für die Herstellung der Pressen waren bis zu 18 Bäume nötig. Alle lokalen Winzer beteiligten sich an der Arbeit. Der *torchio* hatte in den Weindörfern eine wirtschaftliche und gesellschaftliche Funktion. Die Gebäude mit den Pressen waren Treffpunkte, in denen die Notare Akten beglaubigten. Wald und Bäume waren ohnehin wichtige Nahrungs- und Einnahmequellen. Man verwendete sie zum Bauen und zum Heizen, verarbeitete sie zu Werkzeug, Möbeln und Zäunen. Die Köhler stellten aus Buchen Holzkohle für die Bergwerke her. In parkartigen Selven ohne Unterholz zogen die Landwirte Kastanienbäume. Deren Früchte, die sie teils zu Mehl verarbeiteten, waren vor allem im Winter ein Hauptbestandteil auf dem bäuerlichen Speisezettel. Sie galten als «das Brot des kleinen Mannes». Sogar die getrockneten Blätter dieses grosszügigen Baums fanden Verwendung – als Stopfmaterial für Matratzen.

Bald erreicht man den Rio d'Anzuno, an dem die Wasserräder der Mulini klapperten. Die Stelle am Bach war eine frühe Gewerbezone. An der Wand einer alten Mühle lehnen zwei Mühlsteine, die das Getreide und die Kastanien zerrieben. In einem anderen Bau war ein hydraulisches Sägewerk in Betrieb. Oberhalb der Mühlen liegt ein grosser Speckstein, eine *pietra ollare*, aus dem die Handwerker Pfannen, Kochgefässe und Öfen herstellten. Seine Oberfläche wirkt beim Anfassen glatt und fettig (daraus erklärt sich der deutsche Name, während *olla* Topf bedeutet). Speckstein besteht hauptsächlich aus Talk, man kann ihn mit dem Fingernagel ritzen. Entsprechend gut lässt er sich auf der Drehbank bearbeiten und aushöhlen.

Die Industrialisierung beendete die autarke Wirtschaftsform. Sie kündigte sich mit dem Bau der Eisenbahn von Domodossola nach Novara (1888) sowie der Simplonlinie (1906) an. Die Bauern verliessen ihre Schollen, stiegen hinunter ins Tal und wurden Arbeiter: zum Beispiel in der Sisma in Villadossola, einer metallurgischen Fabrik mit Hochofen und Giesserei. In Spitzenzeiten beschäftigte sie 1800 Leute, für die sie 1940 ein eigenes Wohnquartier erstellte, den sehenswerten Villaggio Sisma. Seit 2009 stehen die Maschinen still, sind die Öfen erloschen. Die riesige Fabrik am Stadtrand ist zu

Oben: Das restaurierte Gehöft La Tensa ist heute ein «Agriturismo».
Unten: Alte Mühle am Rio d'Anzuno.

Ausblick von der Kirche von Tappia Richtung Valgrande.

einer Industrieruine geworden. Das Leben der Bergbauern sei im Unterschied zu jenem der Industriearbeiter durch Individualismus geprägt gewesen, steht auf einer Infotafel am Weg, was nur halb zutrifft. Es gab auch auf dem Land Gemeinschaftswerke und gemeinsame Anlässe: Die Mühlen, die Weinpressen, das Backen, der Kirchgang sowie Bau und Unterhalt der Wege zählten dazu.

Zurück ins 21. Jahrhundert

Das letzte Dorf am Hang heisst Sogno, Traum. Es gibt hier ein kleines Museum zur ländlichen Kultur, wobei das Gebäude selber ein Museum ist. Wie alle traditionellen Häuser ist es aus Steinen gebaut, die vor Ort gefunden und bearbeitet wurden. Das Dach ist aus unregelmässigen Granitplatten gefertigt, die schwer auf der Tragkonstruktion aus Kastanienholz aufliegen. Die unglaublich geschickt geschichteten Wände kommen ohne Mörtel aus. Formvollendet sind die Fassungen der Fenster und Türen. Als seitliche Leibungen dienen zwei kräftige Steinsäulen, die einen dritten, halbrunden Monolithen tragen, der den Sturz bildet. Die robuste Konstruktion erinnert an megalithische Hünengräber. Der Weg hinunter nach Villadossola

Historische Fassade in Sogno mit typischen Fensterfassungen.

ist ziemlich vernachlässigt und wird seinerseits zum Erlebnispfad. Über reizvolle Treppenstufen kommt man zunächst nach Colletta, in ein von Dornengestrüpp, Efeu und Bäumen überwuchertes Ruinendorf. Durch die Fenster- und Türöffnungen saust nur der Wind und manchmal ein Vogel. Die Balkone hängen schief an altersschwachen Mauern. Die Balken verfaulen, die Dächer sind eingedrückt, die Steine von Moos begrünt. In Zimmern und Ställen sind alte Gerätschaften zurückgeblieben, rostige Töpfe, Federbetten. Es ist, als hätten die Bewohner ihre Häuser von einem Tag auf den nächsten für ein neues Leben verlassen. Auch in Colletta muss es vor Jahrzehnten am Backtag nach Brot geduftet haben, meckerten Ziegen und kreischten Kinder beim Spiel. Für einen Moment glaubt man, von der Vergänglichkeit des Daseins, der Epochen und Kulturen angehaucht zu werden. Dann steigt man ab ins geschäftige Villadossola, ins 21. Jahrhundert. Es ist gut hörbar, kündigt sich mit Dieselgeruch an und verführt einen mit einem süssen Gelato.

5 DOMODOSSOLA – SACRO MONTE – ANZUNO – VILLADOSSOLA

Anreise/Start Zug bis Domodossola
Rückreise Zug oder Bus ab Villadossola
Wanderzeit 5½ Std. **Distanz** 11 km
Aufstieg 650 m **Abstieg** 670 m
Karte Carta escursionistica 1:25'000 Nr. 8 (Valle di Bognanco)
Sehenswürdig Domodossola: Sacro Monte Calvario; Sogno: Museum der Bauernkultur, geöffnet jeweils am 1. und 3. Sonntag in den Monaten April bis Oktober von 14 bis 17 Uhr.
Charakter Leicht. Abstieg nach Villadossola nicht durchgehend markiert.
Jahreszeit März bis November, bei guten Bedingungen (eisfrei) auch im Winter.
Einkehren/Übernachten
Domodossola: Circolo Acli Santa Croce, am Kalvarienberg; Anzuno: Agriturismo La Tensa (agriturismotensa.it).

Winterstimmung bei Anzuno.

Route Vom Bahnhof (ca. 300 m) durch Corso Ferraris, Corso Fratelli di Dio, Via Garibaldi, Via Rosmini, dann geradeaus zum Sacro Monte. Aufstieg zunächst über die Treppe, dann auf dem Pfad direkt nach Cruppi (nicht dem Strässchen folgen, an der Wegkreuzung mit rundem Gebäude nach links).
Ab Cruppi führen zwei Wege nach Anzuno. Der obere kommt am Agriturismo La Tensa vorbei (oberhalb Quana kurz aufs Strässchen, dann gleich links in den Wanderweg).
Von Anzuno über Tappia nach Sogno (736 m). Hier direkter Abstieg nach Villadossola: Auf Treppen zur Strasse, diese überqueren, auf dem alten Weg mit Eisentreppen bis ins Ruinendorf Colletta. Die Strasse unterhalb des Dorfs überqueren und in einen unscheinbaren Treppenweg zwischen Mauern (überwachsen). In Daronzo in die Via Mongiardino, nach dem Torbogen rechts absteigen. Die treppenartige Mulattiera unterquert die Strasse und führt als Via Solero zur Kirche von Noga. Hier zwischen den beiden roten Häusern durch die Gasse (gelbes Schild), dann auf der Treppe weiter (Via Serpegnana), über die Strasse und durch die Via Pioda nach Villadossola. Über die Ovesca und geradeaus durch den Corso Italia ins Zentrum. Zum Bushalt an der Hauptstrasse (Via B. Novello) oder weiter durch die Via Fabbri zum Bahnhof (270 m).

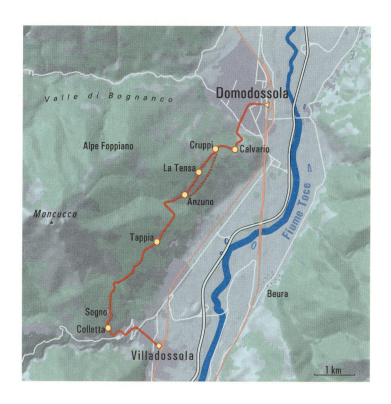

5A PREGLIA – MOCOGNA – CALVARIO – DOMODOSSOLA
Die Wanderung führt meist im Schatten des Waldes von der Bahnstation Preglia nach Mocogna, dann sehr schön zum Sacro Monte Calvario und nach Domodossola.
Anreise/Start Zug bis Preglia oder Bus Circolare Nord bis Preglia
Wanderzeit 3 Std. **Distanz** 9,5 km
Aufstieg 470 m; **Abstieg** 520 m
Charakter Leicht, eine felsige Stelle ist mit Seilen gesichert.
Jahreszeit/Karte Wie Nr. 5
Route Beim Bahnhof Preglia (332 m) durch die Unterführung und geradeaus dem Bach entlang (rechte Seite, gelbe Markierungen) nach Canei aufsteigen (A07). Den rot-weissen Markierungen folgend an einer Villa, dann an einem Technikgebäude vorbei bis zur Kreuzungsstelle Rolò. Links auf die Forststrasse. Sie wird nach 1 km zum Pfad, der südwestwärts dem Hang entlang bis Mocogna führt (A00a). Nach der Torre d'Ardigna den Rio Deseno auf einer Furt durchqueren, kurz auf die Strasse und durch die Zona pedonale zur Brücke über die Bogna. 250 m auf der Strasse Richtung Domodossola, rechts in eine erste Mulattiera (beim braunen Schild). Aufstieg nach Vagna, unter dem Friedhof durch und auf der zweiten Mulattiera (D00) kurzer Aufstieg bis unterhalb Croppo. Bei den ersten Häusern dem linken Pfad zum Bildstock folgen. Via Zoncolina zunächst auf dem Pfad, dann auf dem Feldweg bis zur Teerstrasse. Auf dieser 300 m abwärts, dann rechts abzweigen in den Waldweg zum Sacro Monte. Abstieg über die Rampe und durch die Via Matterella ins Zentrum.

Felsenpartie vor Mocogna.

5B SEPPIANA – VILLADOSSOLA
Kurze, interessante Wanderung im Gebiet der alten prähistorischen Siedlung bei Varchignoli. Sie ist das Bindeglied zwischen den Wanderungen 10c und 5.
Anreise/Start Bus ab Domodossola bis Seppiana (Linie nach Antronapiana)
Rückreise Zug oder Bus ab Villadossola
Wanderzeit 1½ Std. **Distanz** 5,5 km
Aufstieg 120 m **Abstieg** 420 m
Charakter/Jahreszeit/Karte Wie Nr. 5a
Übernachten Cresti: Crest B&B, c/o Bar Miravalle, Tel. +39 342 387 80 66

Route In Seppiana (ca. 520 m) auf dem Treppenweg zur Kirche aufsteigen und auf der Strada Antronesca nach Cresti (C00). Nach dem letzten Haus rechts von Strasse weg auf die Treppe und über den Torrente Brevettola. Die Strasse überqueren und gleich weiter auf dem Maultierpfad. Nach 300 m links nach Varchignoli (584 m) aufsteigen. Durch den Ort (sehenswert). An der «Casa del 1400» nach Casa dei Conti absteigen. Durch den Ort und am Ende 20 m durch das Bachbett aufsteigen, dann nach rechts. Der Pfad endet nach gut 5 Min. in einem Weg in der Falllinie. Auf diesem nach Villadossola (Schluss wie Wanderung Nr. 5).
Weiterwandern Kombinierbar mit Nr. 3 und 8c.

5C DOMODOSSOLA – MONCUCCO – VILLADOSSOLA
Sportlicher Marsch auf den Hausberg von Domodossola. Im Rifugio auf der Alpe Lusentino isst man gut, kann aber nicht übernachten.
Rückreise Bus oder Zug ab Villadossola
Wanderzeit 8 Std. **Distanz** 17 km
Aufstieg 1620 m **Abstieg** 1640 m
Karte Carta escursionistica 1:25'000 Nr. 8 (Valle di Bognanco)
Charakter Anspruchsvoll. Steiler Abstieg vom Gipfel, teils spärlich markiert.
Jahreszeit Juni bis Oktober
Einkehren/Übernachten
Rifugio Alpe Lusentino,
Tel. +39 335 807 79 99
(nur Restaurant)

Route Von Domo Aufstieg zum Kalvarienberg (wie 5). Über die Treppe weiter aufsteigen (D00). Über Motto nach Vallesone. Bei der Strassenkreuzung am Ortseingang Aufstieg auf markiertem Weg (D01) zur Alpe Lusentino (die Strasse mehrmals queren). Hier linksseitig der offenen Fläche aufsteigen, kurz auf die Alpstrasse, diese nach 200 m links verlassen und durch den Wald zur Alpe Casalavera aufsteigen (D01, markiert als «Skialp»). Nach Casalavera ungefähr in Richtung des Skilifts in mehreren Kehren zum Gipfel (D01, 1890 m). Steiler, teils etwas ausgesetzter Abstieg via Coppelle und San Bernardo zur Alpe la Colma (C02). Der weitere Abstieg durch den Wald ist teilweise verwachsen und schwer zu finden. Der Weg mündet in den Höhenweg A01, hier rechts nach Sogno. Schluss wie Nr. 5.

Die Kirche von Seppiana.

TRAUBEN, LAUBEN UND TERRASSEN

Am Anfang des 20. Jahrhunderts war der Weinbau im Eschental noch weit verbreitet, wobei die Hänge am Rand des Talbeckens von Domodossola einen Schwerpunkt bildeten. Den besten Ruf hatten die Tropfen aus den Südlagen von Trontano, Masera, Montecrestese und Oira. Auch in den Tälern reiften rote und weisse Beeren bis hinauf auf etwa 800 Meter. Als Horace Bénédict de Saussure 1789 vom Griesspass herkommend durch das Antigoriotal zog, entdeckte er bei Piedilago auf 720 m ü M. die ersten Weinberge. Er beschreibt sie als «ungefähr horizontale Lauben, unter denen man auch Roggen ernten kann». Solche Pergolen, die im Ossola *topie* und *palanghēr* (Pfahlkonstruktionen) hiessen, waren typisch für die Region. Sie hatten nicht nur den Vorteil, dass man den Boden doppelt nutzen konnte; sie schützten die Früchte auch vor Bodenfeuchtigkeit. Der Stamm wuchs dabei spalierartig an den senkrechten Stützen und Pfählen hoch, die aus langen Granitplatten oder Holz gefertigt waren. Die Fruchtzweige mit den herabhängenden Trauben rankten sich auf dem Laubendach um horizontale Sparren aus Kastanienholz.

Die meisten Pergolen waren in steilen Hängen auf Terrassen angelegt, die von Trockenmauern *(sostin)* gestützt wurden. Die aufwendigen Konstruktionen wirkten der Erosion entgegen und speicherten die Sonnenwärme, was die Weinqualität verbesserte. Im Lauf der Zeit entstanden ganze Landschaften von ineinander verschachtelten Terrassen, die durch Steintreppen verbunden waren. Sie prägten das Gesicht des Eschentals. Auf den Terrassen wuchsen auch Obstbäume und in höheren Lagen Kartoffeln, Getreide und Nussbäume. Die Gärten waren oft so bescheiden, dass die Einheimischen von *fazzoletti* sprachen, von

Vom Wald überwachsene Terrassen.

Die Winzerin Stella Vu Patrone mit einer Flasche Prünent auf dem Gut in Domodossola.

Taschentüchern. Die alten Strukturen verstecken sich heute zum überwiegenden Teil im Wald, wo sie langsam zerfallen. Einzelne lokale Initiativen kümmern sich um den Schutz und die Restauration des uralten Kulturguts. Dessen Anfänge scheinen buchstäblich bis in die Steinzeit zurückzureichen. Bei Varchignoli am Eingang zum Antronatal oberhalb von Villadossola sind Terrassierungen mit bis zu sechs Meter hohen Mauern sichtbar. Sie besitzen Treppenstufen aus Steinplatten, unterirdische Rohre zum Ableiten des Regenwassers sowie rätselhafte Kammern, die als Gräber oder zu kultischen Zwecken dienten. Die Archäologen datieren die Anlage ins 13. Jahrhundert vor Chr. Sie vermuten, dass in dieser Südlage schon sehr früh Wein auf Pergolen angebaut wurde und die Etrusker das Wissen in die Region brachten (Wanderung 5b).

Wegen des knappen Bodens nutzten die Bauern jede mögliche Fläche. Auch die Wege sowie die Strassen und Plätze in den Ortschaften waren von Traubenlauben überwachsen. So gingen die Reisenden durch manchmal kilometerlange Blättergassen. De Saussure berichtet über das Anzascatal: «Ausser in den höchsten Lagen sind die Strassen überall von Lauben beschattet.» Sogar auf der Hauptroute durch das Tocetal war das so. Weil hier Reiter unterwegs waren, darunter die Pferdepost zwischen Mailand, Genf und Bern, galt die Vorschrift, wonach die Pergolen eine Mindesthöhe von drei Metern aufweisen mussten – «für die bequeme Passage von Frachten aller Art». Viele dieser Rebengassen verschwanden mit der Industrialisierung. In Ornavasso entfernte man sie 1910 nach langer Diskussion, um die öffentliche Beleuchtung einzuführen.

Der Ossola-Wein reichte punkto Qualität nicht an die berühmteren Tropfen des Piemonts heran; auch jener vom Lago Maggiore war süsser. Aber der Geschmack war ansprechend. Nicolao Sottile beschreibt den entlang der ganzen Toce-Ebene zwischen Crevola und Mergozzo gewonnen Rebensaft als «gut, kräftig, von voller Farbe und reich an Mineralien». In den weniger besonnten Tälern reiften rustikalere Säfte heran. Die Einheimischen nannten diesen Wein *bruschett*, was herb bedeutet. Die am weitesten verbreitete Traubensorte war der Prünent, ein lokaler Nebbiolo. Daneben gediehen etliche andere Sorten wie Vergera (weisser Prünent), Bonarda, Ornavassa oder Rosoletta. In den letzten Jahren hat man Weinstöcke wiederentdeckt, die nur lokal verbreitet waren. Im Antronatal zogen die Winzer den Roséwein Rachina sowie rote Negrún-Trauben.

Die Produktion im Ossola erreichte im 17. und im 18. Jahrhundert ihren Höhepunkt. Schätzungen gehen von jährlich 25 000 Hektolitern aus. Noch am Anfang des 19. Jahrhunderts gab es laut Sottile keine Absatzprobleme: «Er wird in den Tälern verkauft, die selber keinen haben; der grösste Teil geht aber in die Schweiz und ins Wallis.» Vor allem das Oberwallis und das Berner Oberland sorgten für einen sicheren Absatz des Prünent. Gute Kunden waren ausserdem die Kirchen, die für ihren Messwein Bedarf hatten und eigene Weinberge pflegen liessen. Die wohlhabenden Familien, die die besten Lagen besassen, bauten sich stolze Villen, etwa in Masera und Trontano. Ihren Rebensaft verkauften sie in eigenen Lokalen. So schenkte die Osteria bei der Brücke über die Diveria in Crevola ausschliesslich Wein vom Gut der Dal Ponte aus. Der Rebensaft war das wichtigste Exportprodukt und trug zum regen Saumverkehr über die Alpen bei. Auch in den Seitentälern bildete er die Existenzgrundlage für Kleinbauern. In Viganella im Antronatal wurden Weinterrassen angelegt, als die Eisenminen erschöpft und Bergarbeiter und Schmiede arbeitslos geworden waren.

Die Krise des Rebbaus setzte im 19. Jahrhundert ein. Sie hatte viele Gründe. Nach der Eröffnung der Fahrstrasse über den Simplon (1805) führte die Schweiz vermehrt Weine aus weiter entfernten italienischen Regionen ein. Um 1850 setzten die Reblaus und der Mehltau den Pflanzen zu. Die Winzer kauften resistentere Sorten, die aber weniger beliebt waren und manchmal auch ungeeignet für die Region. Gleichzeitig erhöhte das Wallis die Anbauflächen und importierte weniger Rebensaft. Veraltete Anbaumethoden und der zerstückelte Besitz trugen zum Niedergang ebenso bei wie der Interessenkonflikt zwischen Landbesitzern und Pächtern, die lieber Getreide pflanzten als Trauben: An diesen verdienten sie zu wenig. Schliesslich lockte die Industrie die Arbeitskräfte von den Weinbergen weg. Zwischen 1929 und 1982 wurde die Anbaufläche im Eschental von 1450 Hektaren auf gerade noch 155 dezimiert.

Seit einigen Jahren ist eine Renaissance festzustellen. An etlichen Lagen sind jüngere Winzer am Werk. Darunter der Önologe Edoardo Patrone und seine Frau Stella Yu. Sie besitzen in der Region mehrere Rebberge an teils steilen Lagen und produzieren in der eigenen Kelterei in Domodossola sehr ansprechende Rotweine und einen Rosé namens Testa Rüsa. Sie knüpfen mit modernen Anbaumethoden an die Tradition an.

Der Prünent, der seit 2009 die Herkunftsbezeichnung DOC besitzt, spielt immer noch eine grosse Rolle. Die Gemeinde Masera will die leerstehende Villa Caselli

Alte *topia* über einem Weg in Masera.

und ihren Umschwung zu einem Zentrum des «Nebbiolo ossolano» entwickeln. Mit gutem Grund: Ganz in der Nähe, in Forniago, ist der Anbau der alten Sorte um 1300 erstmals belegt. Vermehrt findet aber auch die Merlot-Traube Anklang. Kleinbauern, für die der Wein ein Nebenerwerb ist, liefern ihre Ernte meistens an Keltereien in Domodossola und Villadossola. Die Cantina Garrone in Domodossola verwertet die Beeren von rund sechzig Produzenten. Die Commissione di Tutela del Vino Ossolano kontrolliert die Qualität und unterstützt die Vermarktung. In alten Weindörfern wie Masera oder Crevoladossola haben Reste der traditionellen Terrassen und Pergolen überlebt. Sie geben einen Eindruck davon, wie weite Teile des Ossola einst ausgesehen haben (Wanderungen 6b, 6c).

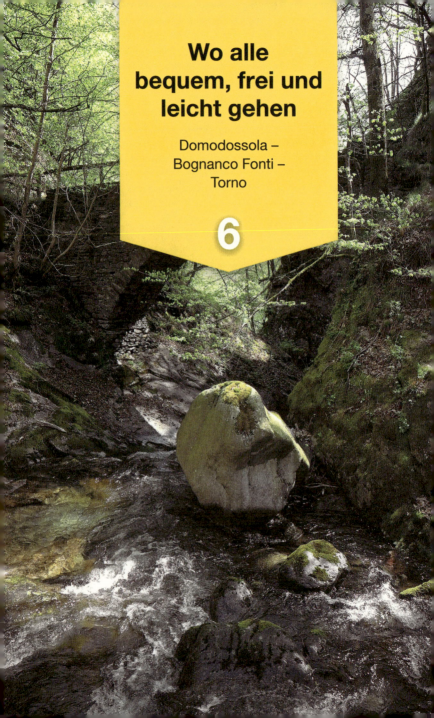

Wo alle bequem, frei und leicht gehen

Domodossola – Bognanco Fonti – Torno

6

Der Saumpfad auf der Sonnenseite des Bognancotals verbindet Mocogna mit Bognanco Fonti. Die Route auf der anderen Seite zurück bis Torno ist wilder und stiller.

Wer Domodossola vom Marktplatz aus nach Westen verlässt, erreicht nach zwanzig Minuten ein ländliches Terrain mit Gärten und Weideland und dann den alten Damm aus Blocksteinen, der die Bogna zähmt. Benutzt man diesen (halblegal) als Fussweg, kommt man zur Brücke von Mocogna. Auf dem Damm hat jemand vergänglich mit Schulkreide hingeschrieben: «Prendi cura dei tuoi luoghi, fanno parte della cultura», trag Sorge zu deinen Orten, sie sind Teil der Kultur. Einverstanden, wobei vielleicht nicht alle Orte erhaltenswert sind, wenn man sich so umschaut. Der Maultierweg nach Cisore zählt aber zweifellos dazu. Die Mulattiera auf der (orografisch) linken Talseite war für Dorfbewohner, Alpbesitzer, Käse, Salz und Vieh die wichtigste Verbindung in die Handelsstadt Domodossola sowie zu Alpen und Pässen. Die Wege waren schon früh öffentliche Werke. Das illustrieren die Statuti di Tappia aus dem Jahr 1590. Das Reglement der Nachbargemeinde von Domodossola verpflichtete die Anstösser dazu, die Strassen so herzurichten, «dass jedermann bequem, frei und leicht zu Fuss und mit seinen Tieren darauf gehen kann».

Wege als Gemeinschaftswerk

So entstand ein Netz von guten Verbindungen, die während Jahrhunderten ihren Zweck erfüllten. In einigen Gemeinden blieb der 1. Mai bis nach dem Zweiten Weltkrieg fürs Säubern der Wege reserviert. Alle Anstösser mussten mitmachen oder zahlen. Oben im Alpgebiet leisteten die Viehbesitzer Gratisarbeit für den Unterhalt der Wege: einen Tag pro Jahr für jeweils vier Kühe, lautete die Regel. Die meisten Bauern hielten das Vieh übrigens nur während des Sommers. Sie kauften es im Frühling auf dem Viehmarkt in Domodossola, lebten von Milch, Butter, von wenig Fleisch und der Schafwolle und verkauften die grösser gewordene Herde auf dem Herbstmarkt an die Händler. «Sie konnten es sich nicht leisten, das

Rio Rasiga vor Bognanco Fonti.

Feierabend auf dem Marktplatz von Domodossola.

Kapital, die Tiere, im Winter zu behalten», schreibt der Historiker Armando Tami. Das Wort *pecunia,* Geld, bedeutete ursprünglich einfach Vieh.

Der Weg auf der Sonnenseite ist noch immer eine perfekte Unterlage zum leichten Gehen. An steilen Stellen tragen ihn Mauern aus Trockenstein. Querrinnen leiten das Regenwasser ab, Rampen und Stufen helfen beim Steigen. Man befindet sich oft im Wald, dazwischen gibt es Abschnitte mit freiem Blick auf die Cima Camughera und den Pizzo Montalto. Ihre Häupter bleiben im Frühling lange weiss, im Herbst setzen sie früh eine Schneekappe auf und bilden dann einen malerischen Kontrast zum schmalen Himmel über dem Bognancotal. Die beste Aussicht bietet sich vom Vorplatz der barocken Kirche von Monteossolano aus, die in der Mitte der Strecke auf einer Terrasse steht. Die Vorhalle, ein kleines Peristyl mit doppelten Säulen aus Granit, schützt Portal und Kirchgänger wie ein Baldachin. Wind, Wetter, die Sonne und die Jahre haben die hölzerne Eingangstür trotzdem gegerbt wie Leder. Sie ist zu und mit einem Schloss gesichert. Geöffnet wird sie nur noch selten.

Der Kircheneingang von Monteossolano mit Bildstöcken.

Rinder, Kinder, Schulen

Bis 1927 war das Bognancotal politisch dreigeteilt. Die obere Gemeinde hiess Bognanco Dentro, die untere Bognanco Fuori, dazu kam Monteossolano, das nun Teil von Domodossola ist. Die heutige Einheitsgemeinde Bognanco zählt noch gut 200 Einwohner, einen Bruchteil der früheren Zahl. 1754 liess der König von Savoyen-Piemont die Bevölkerung und das Vieh in seinem neuen Untertanengebiet zählen, das er 1743 von der Lombardei übernommen hatte. Allein in Bognanco Dentro lebten 959 Personen. Die meisten waren Kleinbauern. Sie besassen total 1473 Stück Vieh. Pro Haushalt waren es im Mittel drei Rinder und drei bis vier Ziegen und Schafe. Etliche besserten das Einkommen als Schuhmacher auf. San Lorenzo, Pizzanco oder San Marco waren wie Monteossolano noch am Anfang des 20. Jahrhunderts belebte Dörfer. Sie waren mit Schulhäusern, Kirchen und Priestern ausgestattet, bevor die grosse Abwanderung einsetzte. Die Schule in Monteossolano ging 1980 zu, sieben Jahre nachdem die Zufahrtsstrasse eröffnet worden war. Diese stoppte den Aderlass nicht wie erhofft. Das Bognancotal hiess «Valle Santa». Es war kinderreich und fromm. Vielleicht hat es damit zu tun, dass der

Bergbau keine Rolle spielte und sich die traditionellen ländlichen Lebensformen länger hielten als in den anderen Tälern. Auch der Oratorio Dagliano, auf den man nun trifft, diente der Religion. Schutzpatron der Waldkapelle ist San Rocco, ein südlich der Alpen beliebter Heiliger aus Montpellier, der sich um die Pestkranken kümmerte. Er soll im 14. Jahrhundert als Pilger vorbeigekommen sein und auch die elegante Bogenbrücke benutzt haben, zu der es steil hinuntergeht. Man weiss nicht, wann sie gebaut wurde, in Urzeiten jedenfalls. Sie überquert tief in der Schlucht den wilden Dagliano an einer oberromantischen Stelle, die die Reisenden ins Schwärmen bringt. Die Brücke scheine wie durch Zauberkraft zwischen den Felsen zu schweben, schrieb im 19. Jahrhundert der französische Missionar Eugène Casalis.

Bevor man nach Bognanco Fonti kommt, geht man am Torso des Albergo Regina vorbei, der am Ufer des Rio Acquamorta steht. Das alte Haus zwischen den Rocchi ist kahl und leer. Es träumt wohl jeden Abend von den Zeiten, als Bognanco eine berühmte Thermalstation war. Die Ortschaft selber liegt im schattigen Talgrund und schläft einen Dornröschenschlaf. Reiche Prinzen aus fernen Ländern versuchen, sie wach zu küssen. Ein Grieche hat Bad und Quellen erstanden. Ein Lette will das geschlossene Hotel Fonti e Milano wiederbeleben, das ihm 2017 die Gemeinde verkaufte. Das Grand Hotel wurde 2009 abgebrochen. Ein unbenutztes Parkhaus mit dem Tourismusbüro füllt nun den Leerraum aus. Die Einheimischen sprechen von einem *biscotto,* einem Zückerchen, das die Region Piemont als Ersatz für eine entgangene Investition spendierte. Über dem Parkhaus sollte eigentlich die Talstation einer Seilbahn zur Alpe Lusentino zu stehen kommen. Die Behörden haben das Projekt aber abgelehnt; es wäre sowieso eine Nummer zu gross gewesen. Bognanco Fonti hat den Sprung in die Neuzeit verpasst. Das hat seinen Reiz. Einige Etablissements sind offen, dazu zählt neben der Bogna das Bagno, der Kern des Kurorts. Es besitzt einen Park, Hallen mit Stil und gesunde Annehmlichkeiten wie das in die Jahre gekommene Schwimmbecken und die Sauna. Über dem Eingang mit der unbesetzten Loge

Oben: Wegabschnitt mit altem Zaun bei Monsignore.
Unten: Aufgang zum Heilbad von Bognanco.

Brücke über den Dagliano.

lächelt verführerisch die Werbenixe aus den 1930er-Jahren im engen roten Kleid mit einer Wasserflasche in der Hand.

Auf der wilden Seite

Die Wanderung geht weiter: über die Bogna, auf die Schattenseite des Valle, wo nie Trauben reiften. Es ist ein *walk on the wild side* zu versteckten Alphütten mit Terrassen für Roggen und Kartoffeln, zu ehemals offenen Flächen, die der Wald eingenommen hat. Seit dem Auszug von Mensch und Vieh herrscht eine fast unheimliche Stille. Nur ab und zu raschelt und knackt es im Laub. Man begegnet eher einem Hirsch als einer Ziege, hört es seltener meckern als röhren und keine Mutter rufen, sondern nur den Kuckuck; statt nach Feuer und Mist riecht es nach Moder und Laub. Der Weg steigt zur Alpe di Arialtucca auf, die zurückgezogen wie eine Einsiedlerin in einer Lichtung ausharrt. Dann erreicht man San Marco, den alten Hauptort von Bognanco Fuori, der ebenfalls bessere Zeiten erlebt hat. Der Dachstock des Gemeindehauses, das zuletzt als Pfarrhaus diente, ist abgebrannt. Kränze aus Farn und Brombeeren schmücken die Ruinen hinter der Kirche. Diese hat überlebt, ebenso wie die Mauer mit kleinen Kapellen, die den Vorplatz einrahmt. Generationen von Kirchgängern haben die Steinplatten so glatt getreten, dass sie wie Pfützen in der Sonne gleissen. Ein Soldatendenkmal erinnert an die zehn in den Weltkriegen gefallenen jungen Männer aus Bognanco Fuori. Zwei Damen und ein Signore mit Gehstock putzen vor Ostern die Kirche heraus und schmücken sie mit Frühlingsblumen. An hohen Feiertagen wird ausnahmsweise die Messe gelesen. Die alten Leute sind in San Marco aufgewachsen. Mit einem Lächeln auf den Lippen und wohl ein wenig Wehmut in der Brust rufen sie sich die Zeit ins Gedächtnis, als sie gleich nebenan die Schulbank drückten.

Frühlingsputz vor Ostern in der Kirche von San Marco.

Der Aufstieg nach Bei lohnt sich. Ein Graben teilt den stillen Ort in zwei Teile. Die restaurierten Häuser dienen als Zweitwohnungen. Auch Sergio verbringt hier den Sommer mit seiner Frau. Sie halten zwei Kühe, pflanzen Kartoffeln und Gemüse in Gärten, die sie mit Drahtzäunen vor Wildschweinen und Hirschen schützen. Im Frühling sammeln sie wilde Spargeln für Salat, im Herbst Pilze. Sergio schmuggelte einst schwere Säcke mit Zigaretten aus der Schweiz nach Italien. Danach arbeitete er in den Thermen von Bognanco. Er bietet dem unbekannten Gast eine Coca Cola an und erzählt stolz von der Kirche. Die Einheimischen hätten sie selber gebaut und zwanzig Jahre daran gearbeitet, bis sie 1662 vollendet war. Sie hätten sich nicht mit der einfachsten Form zufriedengegeben, sondern eine gewölbte Decke geschaffen. Der Weg von Bei ins Tal ist von viel Laub zugedeckt und nicht immer klar erkennbar. Eine Kapelle und die Notre-Dame de Fourvière, die darin abgebildet ist, bestätigen den Vorbeiziehenden aber, dass sie auf dem richtigen Weg sind zur Bushaltestelle und bald darauf zum Aperitif auf dem Marktplatz von Domo: Die Mulattiera von Bei nach Torno ist noch so ein Ort zum Rucksack und Sorge tragen.

6 DOMODOSSOLA – BOGNANCO FONTI – **TORNO**

Anreise/Start Zug bis Domodossola
Rückreise Bus ab Haltestelle Torno (im Winterfahrplan keine Verbindungen am Sonntag)
1. TEIL DOMODOSSOLA – BOGNANCO FONTI
Wanderzeit 4 Std. **Distanz** 10 km
Aufstieg 650 m **Abstieg** 220 m
2. TEIL BOGNANCO FONTI – TORNO
Wanderzeit 3½ Std. **Distanz** 8 km
Aufstieg 580 m **Abstieg** 740 m
Karte Carta escursionistica 1:25'000 Nr. 8 (Valle di Bognanco)
Charakter Erster Teil technisch leicht, gut markierte Wege. Zweiter Teil mittelschwer.
Jahreszeit April bis Oktober. Der erste Teil ist bei guten Bedingungen ganzjährig machbar.
Einkehren/Übernachten
Pregliasca b. Monteossolano: Case Vacanze Tel. +39 347 947 89 91; Bognanco Fonti: Hotel Edelweiss (hoteledelweiss.net); Hotel Regina (reginabognanco.it)
Route bis Bognanco Vom Bahnhof Domodossola (ca. 280 m) durch den Corso Paolo Ferraris zur Piazza Mercato. Weiter durch die Via Paolo Della Silva in die Via Monte Grappa. 50 m nach Norden, dann links am Spital vorbei und auf dem Fussgängerweg zur Via Cassino. 60 m nach Norden, links in die Via Moscatelli und die Via Follerau. Auf der Via Scappacino nach links bis in den Feldweg. Dem Bewässerungsgraben entlang durch Gärten und über die Wiese zur Schutzmauer der Bogna, auf dieser nach links, über die Brücke nach Mocogna und in die Zona pedonale. Auf der Mulattiera nach Cisore. Unter der Strasse durch und weiter aufsteigen, dann auf dem Höhenweg nach Monteossolano, weiter zum Oratorio Dagliano, über Monsignore und Valpiana nach Bognanco Fonti (ca. 700 m ü. M.). Man erreicht die Strasse in einer Kurve und steigt ab ins Zentrum.
Route ab Bognanco Kurzer Aufstieg auf der Mulattiera Richtung San Lorenzo via Oratorio della Possa bis Possetto. 250 Meter auf der Strasse abwärts bis zur Kurve. Hier über die Bogna und an der Kapelle von Ovic vorbei zur Alpe Salera hoch. Aufstieg zur verwaldeten Cima la Pra, dann westwärts dem Hang folgen zur Alpe Arialtucca. Abstieg via Ca del Piano nach Bosco. Hier direkt durch den Ort über die Wiese und beim Brunnen über das Strässchen weiter via Foibello nach San Marco (Strecke ist auf der Karte nicht eingezeichnet aber gut markiert). Aufstieg nach Bei (der Weg beginnt vis-à-vis der Kirche) und Abstieg auf der Mulattiera nach Torno (ca. 450 m, Bushalt bei der Brücke).

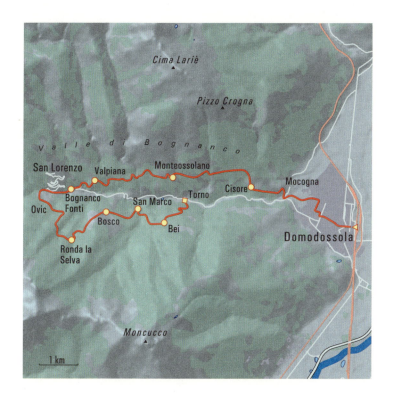

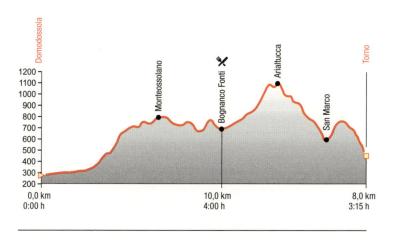

DOMODOSSOLA – TORNO

6A TORNO – BEI – ALPE LUSENTINO – DOMODOSSOLA
Von Torno steigt man auf der rechten Seite des Bognancotals auf einem einsamen Pfad im Wald zur Alpe Lusentino und via Monte Calvario hinunter nach Domodossola.
Anreise/Start Bus ab Bahnhof Domodossola bis Torno
Wanderzeit 5 Std. **Distanz** 12½ km
Aufstieg 800 m **Abstieg** 980 m
Charakter Technisch mittelschwer, Wege teils spärlich markiert.
Einkehren Rifugio Alpe Lusentino (nur Restaurant), Tel. +39 335 807 79 99; Anzuno: Agriturismo La Tensa (agriturismotensa.it); La Quana: B&B (beblaquana.com)
Route Aufstieg auf der Mulattiera auf der Südseite der Brücke von Torno (ca. 450 m). In Bei links (in Gehrichtung) vom Bach aufsteigen. Im Wald steil zu Gebäuden von Cascina Ve (dreimal die neue Waldstrasse überqueren). Weiter zur (verfallenen) Alpe Casale. Hier nordöstlich dem Hang entlang auf gleicher Höhe. Der Weg ist nur stellenweise markiert (D05). Nahe der Kapelle San Bernardo (1173 m) aus dem Wald und Abstieg über die Alpe Lusentino zum Restaurant. Hier gibt es mehrere Abstiegsmöglichkeiten. Empfehlenswert: Auf D01 ostwärts bis zum Sentiero Natura Forestale, dann südwärts nach Molini und links nach Anzuno. Via Cruppi zum Sacro Monte und Abstieg über eine breite Treppe und durch die Via Matterella ins Zentrum von Domodossola.

6B ALPIANO INFERIORE – MONTECRESTESE – PONTETTO
Meist auf Maultierpfaden führt die Route aus dem unteren Antigoriotal durch alte Weindörfer und Kastanienhaine via Montecrestese und schliesslich über dem Isornotal nach Pontetto.
Anreise/Start Bus ab Domodossola bis Alpiano inferiore (Linie ins Valle Antigorio)
Rückreise Bus ab Pontetto (Circolare Nord)
Wanderzeit (inkl. Abstecher Altoggio) 4½ Std. **Distanz** 12½ km
Aufstieg 480 m **Abstieg** 580 m
Charakter Leicht, auf meist markierten Maultierpfaden.
Jahreszeit April bis November
Karte Carta escursionistica 1:25'000 Nr. 8 u. 9 (Valle di Bognanco / Val Divedro)
Einkehren Altoggio: Ristorante Cip & Ciop, Tel. +39 0324 34 71 02
Übernachten Altoggio: La Casa di Heidi (lacasadiheidi.altervista.org)
Route Beim Bushalt von Alpiano inferiore (ca. 400 m, Weiler vor Bagni di Crodo) über den Toce und nach rechts in die Flussebene (G00). In Pontemaglio bei der Kirche nach links kurz auf die Strasse, dann auf dem markierten Weg durch den Ort. Aufstieg nach Veglio. Durch den Ort, 400 Meter auf dem Strässchen, bei einer

Oben: Brücke über den Melezzo Occidentale nach Masera.
Unten: Siedlung bei Veglio im Valle Antigorio.

Scheune rechts auf die Mulattiera, die die Strasse schneidet. Nach 15 Min. links hoch nach Chezzo, auf der zentralen Gasse durch Lomese und auf Mulattiera unterhalb der Strasse weiter zur Kirche von Montecrestese. Am Sportplatz vorbei, links auf die Mulattiera und via Alteno nach Naviledo (Aufstiegsmöglichkeit nach Altoggio mit Restaurant, ca. 750 m). Am Ortseingang von Naviledo auf dem Asphaltweg zur unteren Strasse und auf der Mulattiera (L00) via Prata nach Villamaggiore. Links des gelben Hauses («Vignamaggiore») durch den Durchgang, dann rechts durch die Wiesen der Spur nach Roldo folgen. Hier zwischen den ersten Häusern hindurch, dann links der Häuserfront entlang zum alten Turm, dem Tempietto leponico. Abstieg auf markierter Mulattiera zur Bushaltestelle Pontetto (ca. 300 m, Bar vis-à-vis).
Variante Start in Pontemaglio, über die Steinbogenbrücke in den Ort, dann wie Nr. 6b.

6C RUNDWANDERUNG MASERA

Eine Halbtageswanderung oft auf Maultierwegen durch die Weiler des ehemaligen Weinortes Masera. Mit gutem Speiserestaurant in Cresta.
Anreise/Rückreise Centovallibahn von Domodossola nach/ab Masera
Wanderzeit 3½ Std. **Distanz** 11 km
Aufstieg/Abstieg 450 m
Charakter Wie Nr. 6
Jahreszeit April bis November
Karte Carta escursionistica 1:25'000 Nr. 8 (Valle di Bognanco)
Einkehren Cresta: Ristorante Divin Porcello (divinporcello.it)
Route Vom Bahnhof Masera (ca. 300 m) Richtung Ortszentrum, auf dem Fussgängersteg über den Melezzo, an der Kirche vorbei in den Ort. Aufstieg auf markierter Route bis zu einer Kapelle. Links dem Wegweiser A6–A8 folgen, via San Rocco bis Forno. Auf der Gasse durch den Ort, über zwei kleine Bäche und zum Lago d'Onzo. Kurz dem Kanal am Westufer entlang, dann auf die Strasse. Ihr 300 Meter durch den Ort Avonso folgen, dann links der Leitplanke in den markierten Weg. Bei den Alpgebäuden unterhalb San Antonio (707 m) scharf links auf die Mulattiera bis zur Alp im Wald mit Kapelle. 50 Meter auf der Naturstrasse nach Süden, dann in unscheinbaren Weg rechts. Die weissen Markierungen führen nach Cresta. Beim Ortsausgang links auf markiertem Weg Richtung Rivorio. Nach 5 Min. bei Kreuzung rechts auf Feldweg bis zum Parkplatz. Ins Zentrum von Rivoria absteigen (weisse Pfeile). Auf der Gasse oberhalb der Kirche links durch die Häuser, dann rechts auf Mulattiera absteigen zur Strasse. Über die Brücke, nach rechts und auf der Mulattiera an der Villa Castelli vorbei. Auf der rot-weiss markierten Strecke bleiben. Bei der nächsten Strasse hinter der Kapelle weiter und unterhalb der Mauer nach Masera.

ALS BOGNANCO EIN MONDÄNER KURORT WAR

Zur Entdeckung der Mineralquellen von Bognanco gibt es eine Legende, die vielleicht sogar wahr ist: Im Jahr 1863 soll eine junge Hirtin vom Wasser getrunken haben, das aus einem Felsen am Ufer der Bogna hervorsprudelte. Es hatte einen eigenartigen Geschmack und schien auf der Zunge zu brennen wie Grappa. Das Mädchen berichtete dem Grundbesitzer von der Quelle. Dieser gab die Information dem Dorfpriester Don Fedele Tichelli weiter. Die Entdeckerin der Quelle hiess Anna Maria Possetti oder Felicita Pellanda, die Chronisten sind sich da nicht einig.

Von nun an sind die Fakten aber belegt. Der Seelsorger verstand sich auch als Entwicklungshelfer für das von der Abwanderung betroffene Tal. Er liess das Wasser vom Chemiker und Apotheker Hermann Brauns in Sitten analysieren und bekam einen positiven Bescheid über den hohen Gehalt an Mineralien. Der Kleriker gründete die Firma Tichelli & Co., kaufte die Quelle und taufte sie Luigia, man weiss nicht warum. Er liess das Wasser in Glasflaschen abfüllen und vermarkten: als Acqua gazosa di Bognanco. Ein Mann namens Juve Vagna brachte die Flaschen mit Saumtieren in Tragkörben nach Domodossola. Manche Behälter sollen unterwegs unter dem Druck der natürlichen Kohlensäure geplatzt sein. Ein grosses Geschäft war es kaum, obschon das Wasser einen guten Ruf genoss, weil es Magen- und Darmbeschwerden zu lindern verhiess.

Der Aufschwung kam mit dem jungen Fürsprecher Emilio Cavallini. Er stammte aus wohlhabenden Verhältnissen, sein Vater war Senator in Rom, er lebte vornehm – aber vielleicht nicht besonders gesund – am Lago Maggiore. Er litt jedenfalls an Magenbeschwerden und unterzog sich 1890 im Bognancotal einer Trinkkur, die seinen Zustand besserte. Cavallini

Werbeplakat aus den 1930er-Jahren.

Die alte Seilbahn in San Lorenzo.

war begeistert. Er brachte sich in den Besitz der Quelle mit der Absicht, den Ort zu einem modernen Zentrum für Trink- und Thermalkuren auszubauen und auch den Handel mit dem Mineralwasser in Schwung zu bringen, und schritt zur Tat. Die Eröffnung des Kurhauses und des Parks im Jahr 1893 war ein gesellschaftliches Ereignis. Ein illustres, internationales Publikum nahm erstmals Kenntnis vom Bognancotal und seinem Wasser. Seit 1885 erschloss eine Fahrstrasse das Tal.

Der Ausbau ging weiter. Die Heilbäder erlebten in Europa eine Blütezeit. Inzwischen war eine zweite Quelle entdeckt worden. Das Mineralwasser sollte industriell vermarktet werden. Die dazu gegründete Aktiengesellschaft stellte ihre Tätigkeit 1906 an der Weltausstellung in Mailand vor. Bald trank man das Bognanco-Wasser nicht nur in Domodossola und Mailand, sondern auch in Amerika, wie ein Reklameschild aus dem Quartier Little Italy in New York belegt. Als einige Jahre später ein neuer Pavillon eröffnet wurde, beehrten Mitglieder der Königsfamilie den Anlass mit ihrer Präsenz. Neue Hotels schossen aus dem Boden, darunter 1907 das «Grand Hotel Milano». Dazu kamen die familiäreren Häuser im Zentrum, der Albergo Centrale, die schmucke Villa Canelli und die Villa Elda, die Seite an Seite Gäste empfingen. 1934 wurden in Bognanco nahezu 2000 Gästebetten in Hotels und bei Privatleuten gezählt. Aus den zwei Dörfern Al Ponte und Prestino war ein mondäner Kurort geworden.

In den goldenen 1920er-Jahren nach dem Ersten Weltkrieg belebten im Sommer Hunderte von Kurgästen mit ihrem Gefolge das Bognancotal. Sie verlustierten sich im Bad, im Park und in der künstlichen Grotte. Sie schwangen das Tanzbein und vertrieben sich die Zeit mit Tennis und Billard: «Die Atmosphäre war fröhlich und unbeschwert, sie förderte die Erholung und galante Begegnungen», steht in einem Bericht. Den Kurgästen fehlte es an nichts. Es gab sogar ein Kino. Zeitgenössische Fotografien dokumentieren das lebhafte Geschehen auf den Strassen und Plätzen, unter den Sonnenschirmen der Cafés und in den Parkanlagen, bevor der

Eingang zum Bad mit Kurgästen in den 1920er-Jahren.

Zweite Weltkrieg dem Treiben ein Ende setzte. Nach 1945 gelang es, noch einmal an die erfolgreichen Jahre anzuknüpfen. Ab 1954 trug eine elegante Seilbahn die Gäste nach San Lorenzo hinauf. Ein Werbeschlager versprach, dass hundert Jahre alt werde und vielleicht sogar ewig lebe, wer sich dem Bognanco-Wasser anvertraue. Die drei Quellen, die heute San Lorenzo, Ausonia und Gaudenziana heissen, sind tatsächlich gesund und reich an Mineralien. Das San-Lorenzo-Wasser hat mit 356 Milligramm pro Liter den höchsten Magnesiumgehalt aller italienischen Mineralwasser. Es wird unter dem Markennamen Lindos auch in den Apotheken angeboten. Die Ausonia-Quelle soll den Appetit anregen und der Übersäuerung des Magens entgegenwirken. Ausserdem gilt sie als abführend, was die Karikaturisten zu derben Zeichnungen inspirierte.

In den 1970er-Jahren kam der klassische Bädertourismus ausser Mode. Zum Baden fuhr man nun ans Meer. Von dieser Krise hat sich Bognanco bis heute nicht erholt. Die meisten Hotels sind geschlossen, umgenutzt oder abgebrochen worden, darunter das Kurhaus, das später Grand Hotel Terme hiess. An die Seilbahn, die den Betrieb 1975 einstellte, erinnern nur noch die Bergstation und rostige Masten. Immerhin halten das Thermalbad und die Mineralwasserfabrik den Betrieb auf kleiner Flamme aufrecht. Nach einigen Handwechseln hat sie 2003 ein griechischer Unternehmer übernommen. Grössere Investitionen, die das Bad attraktiver machen würden, sind bisher ausgeblieben.

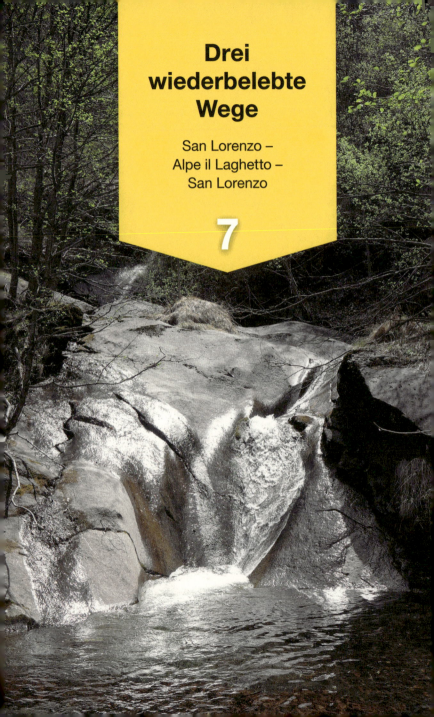

Drei wiederbelebte Wege

San Lorenzo –
Alpe il Laghetto –
San Lorenzo

7

2018 hat der Verein Sentieri Ossolani zusammen mit lokalen Freiwilligen verschiedene Wegabschnitte im Valle di Bognanco instand gestellt. Drei attraktive und wieder gut begehbare Touren sind neu zu entdecken.

Ausgangspunkt für die zweitägige Hauptwanderung ist San Lorenzo. Von hier geht man auf dem Maultierweg nach Graniga hoch, dann auf dem direkten Pfad nach Gomba, der seit der Einsatzwoche der «Sentieri Ossolani» im Herbst 2018 aufgefrischt ist. Gomba ist eine bewaldete Stufe mit dem «Camping Village Yolki Palki». Auf einem bequemen Weg steigt man nun an der Südflanke des Monte del Dente über die Gräben, durch die im Winter Lawinen herunterdonnern. Man kommt ins baumfreie Hochgebirge und nach drei Stunden zum Rifugio Alpe il Laghetto. Der CAI eröffnete die Unterkunft 1998 in einer umgebauten Alphütte. Im unteren Stock waren früher Stall und Küche mit dem offenen Kamin eingerichtet. Sie war das Zentrum des Hirtenlebens, in ihr wurde gekocht, gegessen, wurden Käse und Butter hergestellt. Im oberen Geschoss befanden sich unter dem Steindach die Schlafräume, die von der aufsteigenden Wärme von Küche und Kühen sowie von deren Ausdünstungen profitierten. Alles war sehr rustikal. Ein Hauch davon ist geblieben, obwohl das Berghaus nunmehr mit Webcam und Wireless Local Area Network ausgerüstet ist.

Das Rifugio steht im Einschnitt des Rio Vallaro in einer Gebirgsbucht an der Kreuzung mehrerer Routen. Fern im Osten gibt es die blauen Berge des Valgrande zu bestaunen, im Süden die Kette, die das Bognanco- vom Antronatal trennt. Über den Passo di Campo erreicht man im Westen in einer halben Stunde die drei Laghi di Campo. Sie glitzern vor dem Pizzo Straciugo, dem höchsten Pizzo des Bognancotals (2712 m). Die Seen sind eine grosse Attraktion, besonders auch für italienische Touristen, die das Berghaus am Wochenende besuchen, um ausgiebig zu tafeln. Am Abend nach dem Primo, Secondo, Dolce und dem Vino versinken die Felsen in der Dunkelheit. Eine atemberaubende Stille breitet sich jetzt aus. Draussen vor der Tür im Mondlicht zeichnen sich am Horizont die Umrisse der finsteren Berggesellen ab, mit ihren eigentümlichen Höckern, Nasen, Schultern, Stöcken, Rücken und Sätteln. Hinter ihnen ver-

Badestelle im Wald am Rio Asinera bei Forno.

stecken sich weitere Täler, unbekannte, verheissungsvolle Wege, die über hundert Pässe bis ans Meer reichen. Man wird vom Fernweh gepackt und kehrt zurück in den Dampf der Hütte, wo sich die Stimmung irgendwo zwischen Wehmut und Wermut einpendelt.

Am nächsten Morgen ist alles vergessen und neu. Die Wanderer sind früh auf den Beinen und mit dabei, als die ersten Sonnenstrahlen die Berge entwickeln wie das chemische Bad ein Farbbild in der Dunkelkammer. Über eine harmlose Anhöhe geht es zu den Ställen von Campo. Hier verlässt man die GTA-Route und wählt den Abstieg nach Forno. Auch dieser vergessene Weg wurde während der Arbeitswoche im Herbst 2018 saniert. Der Blick verliert sich in der Arena zuhinterst im Bognancotal, dem Quellgebiet des Rio Straciugo und des Torrente Bogna. Die Girlanden ihrer Zuflüsse schmücken die Abhänge des Monte della Preja und der Cima del Rosso. Die beiden Hauptbäche vereinigen sich in den Wiesen unterhalb der Alpe Agrosa, um mit grösserer Kraft zu Tal zu stürmen, wobei sie weitere Rauschebäche einsammeln. Der Weg streift die Flanke des Pizzo Gianoli, bevor er in den unbewohnten Schlund des jungen Bognancowassers abfällt. Neunhundert Höhenmeter tiefer, dort, wo das Tal flacher wird, überquert man einen Steg mit Eisengeländer. Auf einem kurzen Stück stehen drei Wegvarianten zur Auswahl. Die beiden linken bleiben nah am Felsenbett der Bogna. Sie besuchen zwei Wasserfälle des Rio Asinara. Bei Forno kommen alle Wege wieder zusammen. Dann geht es auf einer Naturstrasse weiter.

Pizzanco und der reiche Wohltäter

Eine kürzere Route führt von Gomba nach Forno (7a). Man kommt dabei nach Pizzanco, in das hinterste Dorf im Tal, in dem mehrere Hundert Einwohner lebten. Es ist nicht mehr ganzjährig bewohnt. Wegen seiner sonnigen Lage ist es als Sommerresidenz beliebt. Viele Häuser sind restauriert, anders als jene im darunter liegenden schattigeren Picciola, die zerfallen. Zuunterst in Pizzanco gab es eine Osteria, in der Musikkapellen zum Tanz aufspielten. Manchmal muss es auch zu jenen Gesangsvorträgen gekommen sein, mit denen sich junge Leute in Gruppen einen lustigen Abend machten und von den Zuhörern den Wein bezahlen liessen. «Cantar in Osteria» hiess der verbreitete Brauch. Er ist ebenso verschwunden wie die traditionellen

Das ehemalige Mädchenschulhaus in Pizzanco.

Osterie. «Der gemeinsame Gesang war eine der besten Gelegenheiten, um einen Abend ohne Schlägerei in den Tanzlokalen zu verbringen und dabei neue Freundschaften zu knüpfen», erinnert sich der Autor Gianni Reami. Er gab in den 1960er-Jahren im Eschental als Student selber Volks- und Liebeslieder zum Besten. «Ti ricordi la sera dei baci?» (Erinnerst du dich an den Abend der Küsse?) sang er im Chor mit seinen Freunden; sie sangen auch von jenem Bergsteiger, dem es nichts ausmacht zu sterben, falls er nur mitten in die Blumen abstürzt *(se cade in mezzo ai fiori, non gli importa di morir)*. Beim Gasthaussingen gab es eine ungeschriebene Regel: Nie wurde ein Lied wiederholt.

Ausser in die Kneipe ging man in Pizzanco auch zur Kirche und zur Schule. Die Kappelle Sant'Uguccione aus dem 16. Jahrhundert blieb ebenso stehen wie die beiden 1861 gebauten Schulhäuschen, eines für *ragazzi*, das andere für *ragazze*. Die Inschrift über den Eingängen weist auf den Gönner hin: Gian Giacomo Galletti (1789-1873) stiftete mit seinem Istituto Galletti insgesamt sechs Schulen für die Knaben und Mädchen des Bognancotals. Seine Lebensgeschichte ist die eines Selfmademans, der in einer Kleinbauernfamilie in Colorio di Pizzanco aufwuchs, in der Fremde sein Glück fand, als reicher Mann zurückkehrte und als Wohltäter starb. Mit vierzehn Jahren machte er sich auf, um als Handlanger am Bau der napoleonischen Simplonstrasse mitzuarbeiten. Er floh, nachdem ihn der Meister aus nichtigem Grund bestraft hatte, und soll sich als ambulanter Händler in der Westschweiz durchgeschlagen haben. Später tauchte er in Mailand auf, wo er Mitbesitzer einer Schmuckfirma war. Nachdem sein Partner in die Fänge der Justiz geraten war, emigrierte er mit seiner jungen Frau nach Paris. Dort logierte er luxuriös im Palais Rothschild und nannte etliche Immobilien sein eigen. Von seinen Aktivitäten und wie er zu Geld kam, weiss man wenig. Es gibt Spekulationen, wonach er in krumme Geschäfte verwickelt war. Verbürgt ist nichts davon.

Galletti blieb kinderlos, seine Frau starb früh. Domodossola und das Bognancotal, dem er sich zeitlebens verbunden fühlte, halten ihn wegen seiner Wohltätigkeit in Ehren. Für ihn war sie die Möglichkeit, sich unsterblich zu machen, wie er im Gründungsdokument zum Istituto Galletti schrieb: «Um über das Grab hinaus in Erinnerung zu bleiben, muss man mit seinem Vermögen einige nützliche Werke schaffen.» Das tat er ausgiebig. Er förderte im Bognancotal ausser den Schulen die Gesundheitsvorsorge und beteiligte sich an den Kosten für die erste Fahrstrasse von Domodossola nach Prestino (heute Bognanco Fonti). In Domodossola finanzierte er unter anderem eine Berufsschule und das Theater, das seinen Namen trägt. Galletti war überzeugt, dass sich Armut nicht mit Almosen und Barmherzigkeit überwinden liess, sondern nur mit Bildung und sozialer Sicherheit. Domodossola ernannte ihn zum Ehrenbürger und errichtete ihm ein Denkmal vor dem Rathaus.

Zur Käsealp und den Saudera-Seen

Am Waldrand oberhalb der Ställe von Forno zweigt ein Pfad in Richtung Passo d'Arnigo ab. Er lädt zu einer dritten Tour ein, zu der man am besten von Camisanca aus aufbricht (7b). Anderthalb Wegstunden oberhalb von Forno tritt man auf 1600 m ü M. aus dem Wald und erblickt die abgelegene Alpe Garione. Es ist eine der wenigen, die die Pächter wie in alten Zeiten bestossen. Vierzig Kühe verbringen im Schatten des Passo d'Arnigo den Sommer. Die Bäuerin Mariagrazia

Oben: GTA-Wanderer unterwegs zum Passo della Preja bei Campo.
Unten: Der Weiler Pizzanco von Westen gesehen.

Im Gebiet der Alpe Garione unterhalb des Passo d'Arnigo.

steht in blauen Überkleidern und Stiefeln am Eingang zu den zwei Steinhütten, die sich unter den Felsen ducken. Nach einer kurzen Begrüssung lädt sie zum Kaffee und giesst auch Grappa in die Tassen. Sie ist froh um etwas Abwechslung, um die Chiacchierata mit den fremden Besuchern. In einer dunklen Ecke der Küche zwingt ihr Bruder Mario wortlos einen Käse in die runde Form. Es ist ein «Grasso delle Alpi», ein Vollfettkäse aus Kuhmilch. Wenn sie reif sind, transportiert Mariagrazia die Laibe nach Domodossola, wo sie ab und zu auf dem Samstagsmarkt auftaucht. Vom Talboden aus gibt es keine Zufahrt auf die Alpe Garione. Das Maultier schleppt die Lasten über den Weg, den Mario bei Bedarf mit dem Pickel ausbessert. Es brauche einen seitlichen Abstand von anderthalb Meter zum Fels, erklärt er, denn so breit sind Tier und Gepäck.

Oberhalb der Alp wird der Weg schmaler, er bleibt steil, bis er durch das Gestrüpp der Alpenrosen, Heidelbeeren und Lärchenwäldchen eine Ebene erreicht und sich nach Westen wendet. Über die Alpe Saudera mit ihren Seen kommt man zum Colle del Pianino, einem Pass zwischen dem Bognanco- und dem Antronatal. Dann geht es ostwärts weiter über den Grat und via den Moncucco, den Hausberg, nach Domodossola.

7 SAN LORENZO – ALPE IL LAGHETTO – **SAN LORENZO**

Anreise/Start Bus ab Bahnhof Domodossola bis San Lorenzo (im Winterfahrplan keine Verbindungen am Sonntag)
Rückreise Bus ab San Lorenzo, Camisanca oder Bognanco Fonti nach Domodossola
Karte Carta escursionistica 1:25'000 Nr. 8 (Valle di Bognanco)
Charakter Mittelschwer auf guten Bergwegen.
Jahreszeit Juni bis September
Einkehren/Übernachten Rifugio Alpe il Laghetto, Tel. +39 347 032 02 98; San Lorenzo: Albergo Rossi (altavallebognanco.it); Graniga: Albergo da Cecilia (albergodacecilia.com); Gomba: Camping Village Yolki Palki (yolkipalki.it); Bognanco Fonti: Hotel Edelweiss (hoteledelweiss.net); Hotel Regina (reginabognanco.it).

1. ETAPPE SAN LORENZO – RIFUGIO ALPE IL LAGHETTO
Wanderzeit 3 Std. **Distanz** 6½ km
Aufstieg 1060 m
Route Aufstieg vom Dorfplatz in San Lorenzo (980 m ü. M.) über die Mulattiera nach Graniga. Man quert mehrmals die Strasse (Fussgängerstreifen sind Anhaltspunkte für die Fortsetzung). In Graniga direkt nach Gomba aufsteigen: auf markiertem Weg zwischen Kapelle und Waschhaus, am Waldrand nach rechts. In Gomba auf dem Wanderweg Richtung Vallaro (D16) und via Oriaccia (evtl. auch via Monte del Dente und Lago di Oriaccia, plus 1 Std.) zum Rifugio Alpe il Laghetto (2039 m) aufsteigen. Ausflug: Über den nahen Passo di Campo zu den drei Laghi di Campo (ca. 30 Min.).

2. ETAPPE RIFUGIO ALPE IL LAGHETTO – ALPE AGROSA – SAN LORENZO
Wanderzeit 4 Std. **Distanz** 10½ km
Aufstieg 200 m **Abstieg** 1260 m
Route Vom Rifugio zunächst südwärts, dann westwärts über die Bergflanke nach Campo (1895 m). Abstieg via Alpe Agrosa und dann der Bogna entlang teils steil bis zur Eisenbrücke (D20). Diese überqueren. Auf einer der drei weissrot markierten Varianten auf der rechten Talseite zur Alpe Forno

Blühender Hauswurz am Weg.

(Wasserfälle mit Badebecken). Dem Fahrweg talauswärts folgen. Bevor er als Furt die Bogna überquert, geradeaus in den Waldpfad. Auf dem Eisensteg beim Kraftwerk über Bogna, weiter auf der Fahrstrasse (nun auf der linken Talseite). 500 Meter nach San Martino links nach Camisanca aufsteigen (D13, Bushalt) und am Friedhof vorbei nach San Lorenzo. Kürzere Alternative: Auf der Fahrstrasse bleiben bis zur Strasse Bognanco – San Lorenzo, dieser 250 Meter aufwärts folgen bis Possetto. Vor dem ersten Haus nach rechts und auf der Mulattiera nach Bognanco Fonti absteigen.
Weiterwandern Kombinierbar mit Nr. 6.

7A SAN LORENZO – PIZZANCO – FORNO – SAN LORENZO
Abwechslungsreiche Route im Bognancotal. Pizzanco und die Wasserfälle bei Forno liegen am Weg.
Anreise/Rückreise Wie Nr. 7
Wanderzeit 4½ Std. **Distanz** 11 km
Aufstieg/Abstieg 600 m
Charakter Leicht, mit wenigen steileren Stellen.
Route Aufstieg nach Gomba wie Nr. 7. Nach 1,5 Kilometern vom Wanderweg D16 abzweigen und nach Pizzanco absteigen. Über zwei Bäche auf die D20 zum Torrente Bogna. Über die Eisenbrücke. Weiter wie Wanderung Nr. 7. Kürzere Variante: In Pizzanco direkt nach Picciola (950 m) absteigen.
Weiterwandern Kombinierbar mit Nr. 6.

7B CAMISANCA – FORNO – ALPE SCATTA – MONCUCCO – DOMODOSSOLA
Die Alpe Garione, die Laghi di Saudera und der Moncucco sind Zwischenstationen auf der Tour für Hartgesottene. Von der Alpe Lusentino kann man sich evtl. per Taxi abholen lassen.
Anreise/Start Bus von Domodossola nach Camisanca (oberhalb Bognanco Fonti)
Rückreise Bus ab Bognanco Fonti
Wanderzeit 9 Std. **Distanz** 22 km
Aufstieg 1370 m **Abstieg** 1920 m
Charakter Technisch mittelschwer, lange Wanderung mit vielen Höhenmetern.
Route Vom Bushalt (ca. 820 m) kurz nach Camisanca aufsteigen, dann abwärts (D13) auf das Strässchen und taleinwärts bis zum Kraftwerk. Über den Eisensteg und gleich rechts (D15) auf den Pfad, der wieder in das Strässchen mündet. Zur Alpe Forno und auf der D17 zur Alpe Garione aufsteigen. Weiter bis zur Hochebene. Auf rund 1850 m nach Osten via Alpe Scatta zur Alpe Saudera (D15). Über den Grat (1917 m) und zum Colle del Pianino (1620 m) absteigen. Aufstieg auf den Moncucco (1890 m). Abstieg via die Alpe Casalavera, durch den Wald und rechts an der Alpe Foppiana vorbei zur Alpe Lusentino. Auf D01 weiter via Vallesone und Motto zum Calvario und nach Domodossola (wie Wanderung Nr. 5c, umgekehrte Richtung).
Weiterwandern Kombinierbar mit Nr. 6.

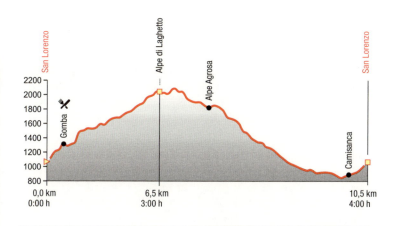

SAN LORENZO – SAN LORENZO

HANDELN STATT JAMMERN

Im Frühling 2018 haben über dreissig Personen im Restaurant Casa d'Italia in Bern den Verein Sentieri Ossolani gegründet. Bereits im September organisierte dieser zusammen mit dem italienischen Alpenclub CAI im Bognancotal eine erste Einsatzwoche. Drei Gruppen haben mit Schaufeln, Pickeln und Motorsägen schwer zugängliche Wege und Abschnitte gesäubert, erneuert und frisch markiert. Die gemeinnützige Aktion, an der Freiwillige aus der Schweiz mit einheimischen Helfern zusammenarbeiteten, stiess vor Ort auf ein ausgesprochen positives Echo. Für die nächsten Jahre sind weitere Einsätze in den Tälern des Ossola vorgesehen.

Zu tun gibt es genug. Etliche Wanderwege sind in einem prekären Zustand. Sie sind zwar auf der Wanderkarte eingezeichnet, im Gelände aber nur schwer zu finden und zu begehen. Die Markierungen sind verblasst, die Wege unter Laub versteckt, von Gras und Sträuchern überwachsen oder von umgestürzten Bäumen versperrt. Weil solche Strecken kaum benutzt werden, nehmen die Schäden von Jahr zu Jahr zu. Sie werden ganz verschwinden – falls nichts passiert. Die Initiative zum Erhalt der Sentieri Ossolani ist vor diesem Hintergrund entstanden. Sie steht unter dem Motto: Jammern ist nutzlos, man muss handeln. Die Absicht ist, mit der Hilfe von Freiwilligen nach und nach ausgewählte wichtige und attraktive Wanderwege auf Vordermann zu bringen: gemeinsam mit Partnern vor Ort.

Der Verein versteht sein Engagement als Beitrag zugunsten des umweltfreundlichen Wandertourismus in den Ossolatälern und angrenzenden Gebieten. Vorstand und Mitglieder wollen mithelfen, das Wanderwegnetz aufzuwerten und besser zugänglich zu machen. Es geht aber auch um die Wege selber. Die alten Strassen und Pfade sind ein wertvolles und unterschätztes Kulturgut. Im Piemont wurden viele komfortabel als «Mulattiere» ausgebaut. Sie sind mit Steinplatten bedeckt, durch Trockenmauern befestigt und mit Kapellen bestückt. Es handelt sich um schön angelegte, mit grossem Können und Aufwand erstellte Zeugen der Wirtschafts- und Lebensformen früherer Jahrhunderte, zu denen man Sorge tragen sollte.

Der CAI und die lokalen Gruppen leisten in dieser Hinsicht seit vielen Jahren gute Arbeit. Allerdings verfügen sie nur über beschränkte finanzielle und personelle Ressourcen für die sehr

Eine Arbeitsequipe unterwegs.

Zerstörter Steg über die Bogna.

grosse Aufgabe. Es gilt, viele Hundert Kilometer Wander- und Bergwege zu betreuen. Sie führen häufig durch steiles Gelände, wo die Erosion wirkt, wo Regen, Lawinen und Stürme erhebliche Schäden anrichten. Ausser den grossen Talwegen und den bekannten Saumpfaden über die Alpenpässe benötigen unzählige kleinere Strecken Pflege. Sie verbinden alte Dörfer und Alpweiden. Dazu kommen die alten Schmugglerpfade und Militärstrassen. Solange dieses wunderbar dichte Netz für den ursprünglichen Zweck gebraucht wurde, war für den Unterhalt gesorgt. In der heutigen Zeit braucht es andere Lösungen. Es geht nicht ohne den Einsatz von Freiwilligen, denen die Wege am Herzen liegen.

Das Angebot der «Sentieri Ossolani» ist im Piemont höchst willkommen; die Einsätze sind für alle, die mitmachen, ein schönes Erlebnis. Der Umstand, dass Freiwillige aus Italien und der Schweiz gemeinsam für eine sinnvolle Sache arbeiten, sorgt für gute Stimmung, ermöglicht Bekanntschaften und wirkt motivierend. Er sei stolz darauf, an einem Projekt mitzuwirken, das dazu diene, «die Wege zu altem Glanz zu bringen, die unsere Vorfahren dem Berg und der Natur abgetrotzt haben», formulierte es ein italienischer Freiwilliger nach der Einsatzwoche im Bognancotal.

Drei Tage, drei Pässe

Saas-Almagell – Antronapass – Cheggio – Fornalino – Bognanco

8

Antronapass, Forcola, Fornalino: Die drei Pässe, die man an ebenso vielen Tagen überschreitet, erschliessen einmalige Landschaften im oberen Antrona- und im Bognancotal.

Der 2838 m hohe Gebirgsübergang, um den es auf dieser 3-Tage-Wanderung am Anfang geht, heisst im Norden Antronapass, im Süden aber Passo di Saas. Das hat seine Logik. Für die Saaser ist er der Weg ins Antronatal, die Antroneser führt er nach Saas. Um den Pass zu bezwingen, startet man in Saas-Almagell und keucht zunächst nach Furggstalden hinauf. Von dieser auch per Seilbahn erreichbaren Terrasse leitet ein Hangweg durch einen Nadelwald ins Furggtälli, ein Seitental des Saastals. Es ist langgezogen, nur leicht gebogen, beginnt sanft im Grün der Weiden und endet furios inmitten des unwirtlichen, kompromisslosen und erhabenen Durcheinanders einer Steinwüste. Der Grat mit der Passhöhe ist von weit unten sichtbar, wenn ihn nicht Wolken verhüllen. Die Kulisse ist grosszügig. Die Gipfel über der Ostseite des Tals, die die Landesgrenze bilden, sind zweisprachig. Sie heissen Sonnighorn / Pizzo Bottarello oder Latelhorn / Punta di Saas. Die letzten Schritte führen über glatte Felsen. Auf dem Joch ist plötzlich der Blick in den Süden offen, ins Piemont, in die verheissungsvolle Arena zuhinterst im Antronatal.

Der Antronapass zählt zu den höchsten und wohl auch ältesten Übergängen im Ossola. 1963 fand ein Bergführer auf der Walliser Seite 2500 Jahre alte Münzen. Über den Pass führte die traditionsreiche Strada Antronesca, die Visp mit Villadossola verband. 1454 verpflichteten sich die Gemeindevertreter beider Seiten in einem bilateralen Abkommen, den wichtigen Handelsweg instand zu halten. Die Walliser exportierten Schafe und den berühmten Wollstoff nach Italien und führten Wein, Gewürze, Metallwaren und Salz ein. Sie bezogen auch die Eheringe und anderen Schmuck aus dem Süden, denn dort gab es Gold- und Silberminen. Nach 1791 wurde der Pass zum Saumpfad ausgebaut und gepflästert. Wenig später, nach der Eröffnung der Simplonstrasse im Jahr 1805, versiegte der Warenverkehr aber weitgehend.

Aufstieg zum Antronapass kurz vor der Passhöhe.

Wolken verhüllen das Latelhorn über der Cingino-Hütte.

Akrobatische Steinböcke

Auf dem Pass erkennt man die Überreste einer Salzsuste, eines Unterstandes und Lagerraums, aus dieser späten Zeit des Handelsverkehrs. Auch einzelne Pflästerungen sind erhalten, am besten auf dem obersten Teilstück zwischen der Passhöhe und dem Lago di Cingino, das der Club Alpino Italiano vor einigen Jahren instand stellte. So ist der Abstieg durch die Steilstufe bis zu diesem Stausee leicht zu finden und zu begehen. Der Lago di Cingino ist nicht nur das höchstgelegene der fünf Speicherbecken im hinteren Antronatal, sondern auch das berühmteste von ganz Italien. Das hat mit den *stambecchi acrobati* zu tun, den akrobatischen Steinböcken, die auf den Bruchsteinen der abschüssigen, zuoberst nahezu senkrechten Staumauer herumspazieren, als sei sie eine Seepromenade. Durch Fotos und Filme im Internet wurden die Massenmedien auf das Phänomen aufmerksam. National Geographic und die BBC drehten Dokumentarfilme über die Huftiere, die wie magnetisch an der in den 1930er-Jahren gebauten Staumauer zu kleben scheinen. Die Steinböcke sind dadurch zu einer allerdings schwer erreichbaren Touristenattraktion geworden, denn der Ort ist nur zu Fuss zugänglich. Die Wildtiere kümmert das Aufsehen wenig. Sie sind am Salz interessiert, das sie aus den Ritzen der Mauer lecken und das im Baumaterial steckt. Ihre Kletterkünste

Steinböcke beim Salzlecken an der Cingino-Staumauer.

sind faszinierend, es wird einem beim Zusehen schwindlig. Man fragt sich, wie sie das mit solcher Nonchalance schaffen und selbst auf minimalen Unebenheiten Halt finden. Laut den Zoologen hat es mit den zweigeteilten Hufen zu tun. Sie bestehen aus einem harten Rand und einem ledrig-weichen Kern. Nach dem gleichen Prinzip waren früher die Bergschuhe gefertigt. Die Alpensteinböcke, die fast ausgerottet waren, verdanken ihr Überleben ja der Jagdleidenschaft des italienischen Königs Vittorio Emanuele II. (1820–1878). Er stellte die letzte verbliebene Steinwildpopulation am Gran Paradiso unter Schutz und sicherte sich das Jagdrecht. Dazu gründete er ein Wildhüterkorps, dem ehemalige Wilderer angehörten, die sich mit der Lebensweise der Steinböcke auskannten. Von diesem Refugium aus wurden die Tiere ausgewildert – auch in die Schweiz.

Der See ist Teil eines grossen hydrologischen Systems der nationalen Elektrizitätsgesellschaft Enel. Sie nahm im oberen Antronatal zwischen 1926 und 1930 drei Kraftwerke in Betrieb und zapfte dazu etliche Bergbäche an. Das Wasser des Cingino-Stausees wird in einem Tunnel nach Norden geleitet und dann über Druckrohre ins Kraftwerk von Campliccioli, von wo aus es in einer zweiten Stufe nochmals verwertet wird. Der 2,8 Kilometer lange Tunnel ist begehbar. Er ist sogar Teil des GTA-Weitwanderwegs. Helm und Taschenlampe sind vorgeschrieben, obwohl die «Galleria Enel» beleuchtet ist. Der feuchte Gang durch das Innere der Punta della Rosa ist sicher ein Erlebnis. Italienische Alpinisti benutzen ihn gerne für eine Rundwanderung von Camplicciolo aus. Für Weitwanderer auf der Antrona-Pass-Route kommt er weniger infrage; es wäre schade um die schöne Aussicht, die sie verpassen würden. Beim Stausee steht die unbewartete Cingino-Hütte, die recht komfortabel eingerichtet ist, mit Pritschen, Küchenabteil und Brunnen vor der Tür, aber ohne Toilette. Es ist die einzige Unterkunft zwischen Saas-Almagell und dem Lago d'Antrona, sodass man auf sie angewiesen ist, will man nicht einen Gewaltsmarsch von neun Stunden in Kauf nehmen.

Die Landschaft am Troncone

Am nächsten Morgen geht es ins Valle del Troncone, in eine der schönsten Landschaften weit und breit: still, steil, stolz und ohne Handyempfang. Man kommt vorbei an uralten Lärchen, geht um noch ältere, von der Erosion gerundete Felsen; man fühlt sich klein und doch aufgehoben zwischen den Wänden des riesigen Trichters, in den man hinabsteigt. Vom Ofentalhorn, der Alpe Lombraoro und der Punta Laugera rauschen Wasserfälle herunter. Man wandert und wundert sich, vergisst die Zeit. Nach jeder Biegung warten frische Eindrücke, andere Wurzeln, neue Charakterbäume mit riesigen Nadelröcken, im Gegenlicht schimmernde Gräser, so fein wie Spinnfäden. Schliesslich geht man dem Rio Troncone entlang, der eben noch ein Wasserfall war und nun auf dem flacheren Abschnitt über Steine spritzt und sich durch Gletscherpfannen dreht. Das obere Antronatal ist seit 2009 als Naturpark ausgeschieden. Eine seltene Schmetterlingsart hat hier ein Rückzugsgebiet gefunden: der streng geschützte Mohrenfalter *Erebia christi*. Es ist ein dunkler, braun-rötlicher Tagfalter, dessen Raupen sich ausschliesslich von einer bestimmter Grasart ernähren. Er kommt nur in entlegenen Hochtälern des Eschentals und des angrenzenden Wallis vor und wird als «Wunder der Ossolaner Artenvielfalt» bezeichnet. Man erkennt das zarte Insekt an den je vier dunklen Punkten, die es in einer Reihe auf den Vorderflügeln trägt wie Knöpfe.

Oben: Wasserfall des Rio Sangoria im Valle del Troncone.
Unten: Fels beim Abstieg zum Torrente Troncone.

Blick nach Westen zum Ofentalhorn.

Bei der Alpe Granarioli wählt man zwischen den zwei Wegen links oder rechts des Campliccioli-Stausees. Jener auf der rechten Seite wurde für die Werkbahn angelegt, die das Material zum Bau der Staumauer lieferte. Das Trassee ist aus dem Felsen gehauen. Die meisten Gleise liegen noch. Sie enden oberhalb der mächtigen Staumauer, die es nun zu überschreiten gilt: mit Blick auf eine museal anmutende alpine Industrielandschaft mit Felsenstollen, aus denen Wasser schiesst, Kraftwerkzentralen sowie den Luftseilbahnen der Enel hinauf zum Lago di Camposecco und nach Crestarossa. Für den Bau der Anlagen waren ursprünglich zwei Standseilbahnen des französischen Herstellers Decauville in Betrieb. Auch ihre Gleise sind noch sichtbar und auf der Karte als *Funivia* eingetragen. Jetzt geht es hinunter zum Antronasee. Sein plötzliches Entstehen im Jahr 1642 war mit einer Tragödie verbunden. In der Nacht des 27. Juli barst eine Wand des Monte Pozzuoli. Die herabfallenden Gesteinsmassen, darunter Blöcke so gross wie Häuser, stauten nicht nur den Rio Troncone zum See, sie begruben auch vierzig Gebäude und die Kirche des Dorfs Antrona. Laut zeitgenössischen Quellen fanden bis zu 150 Menschen den Tod, ganze Familien wurden ausgelöscht. Das Ereignis hat sich als «Pompeji der Alpen» ins kollektive Gedächtnis des Antronatals eingegraben. Es hat aber auch ein malerisches Gewässer hinterlas-

Die alte Werkbahn auf der rechten Seite des Lago di Camplicciolli.

sen. An seinem Ufer steht ein Hotel. Man kann hier einen Ruhetag einschalten und die Etappe am anderen Tag fortsetzen. Der See bildet den tiefsten Punkt der Strecke, wobei man nicht ganz zum Ufer abzusteigen braucht und oberhalb der Alpe Ronco bei der kleinen Kapelle gleich den Weg zur Forcola einschlagen kann. Dieser Pass verbindet das Val Troncone mit dem Val Loranco. Er steigt bis auf 1920 Meter und ist eine nahrhafte Nachmittagsbeschäftigung. Gegen Abend erreicht man den nächsten Stausee, das Bacino di Cheggio, dann den kleinen Ort Cheggio mit dem Rifugio Città di Novara am unteren Rand. Cheggio ist ein Wanderwegkreuzungspunkt. Halbprofessionelle Weitwanderer machen hier Station, geben sich Tipps und berichten von ihren Erlebnissen. Am nächsten Morgen schultern alle ihre Rucksäcke, gehen schweigend ihres Weges und treffen sich vielleicht wieder in einer nächsten Station.

Über den Fornalino

Cheggio ist auch der Ausgangspunkt zum nächsten Pass, dem Passo del Fornalino. Dieser selten begangene Weg ins Valle di Bognanco ist zuoberst steil, die Markierungen haben sich verflüchtigt. Bei gutem Wetter kommt man aber auch gut voran, lässt die Alphütten am Weg hinter sich, mitsamt den Herden weisser Kühe sowie dem Stier, der so

Blick vom Fornalino-Pass hinunter auf die Alpe Fornalino.

unbeweglich dasteht wie ein Reiterstandbild und aussieht, als würde er Bodybuilding betreiben. Man blickt zurück auf den sich entfernenden See und wieder hinauf zum Grat, der langsam näherkommt. Es ist harte Wanderarbeit. Sie wird zuoberst mit dem Gefühl von Freiheit und Abenteuer abgegolten. Nach der Passhöhe (2345 m), einem Felsenkamm, wartet ein Steilhang mit Felsbrocken, durch die man sich bewegt wie durch die Gassen eines Bergdorfs. Weit unten, im grünen Bereich der flachen Alpe Fornalino, ist das Bivacco Ambrogio Fogar erkennbar, das die Richtung vorgibt. Es steht hoch über dem Bognancotal mit schöner Aussicht ins Gebirge. Der weitere Abstieg über die Südflanke der Punta della Forcoletta führt recht anspruchsvoll und auf schmalem Pfad im Zickzack durch eine Stufe mit kräftigen Büschen, die für Halt sorgen, dann durch einen Buchenwald. Unterhalb der Alpe Pezza Lunga lädt unter einem Wasserfall ein Becken des Rio Asinera zum erfrischenden Bad. Hier ist der Talweg erreicht. Die Bushaltestellen von Bognanco Fonti oder Camisanca sind noch eine gute Fussstunde entfernt.

8 SAAS-ALMAGELL – ANTRONAPASS – CHEGGIO – FORNALINO – **BOGNANCO**

Anreise/Start Postauto ab Visp via Saas-Grund nach Saas-Almagell, Dorfplatz
Rückreise Bus ab Camisanca oder Bognanco Fonti nach Domodossola
Karte Schweizer Wanderkarte 1:50'000 Blatt 284 T (Mischabel); Carta escursionistica 1:25'000 Nr. 7 (Valle Antrona).
Charakter Technisch mittelschwer, körperlich anspruchsvoll. Meist markierte Wege in teils steilem Gelände.
Jahreszeit Ende Juni bis Oktober
Einkehren/Übernachten Cinginosee: Bivacco Cingino westlich oberhalb der Staumauer (unbewartet); Antronasee: Albergo Ristorante Pineta (lagopineta.com); Cheggio: Rifugio Città di Novara, Tel. +39 0324 57 59 77; Rifugio Alpe il Laghetto, Tel. +39 347 032 02 98; Bognanco Fonti: Hotel Edelweiss (hoteledelweiss.net); Hotel Regina (reginabognanco.it).

1. ETAPPE SAAS-ALMAGELL – BIVACCO CINGINO
Wanderzeit 5½ Std.
Distanz 11,5 km
Aufstieg 1180 m **Abstieg** 560 m
Route Aufstieg bei der Talstation der Luftseilbahn (ca. 1670 m). Zwei Aufstiegsmöglichkeiten nach Furggstalden, eine steile direkte und eine etwas flachere, die zunächst talauswärts dem Weg ins Almagellertal folgt. In Furggstalden zwischen den beiden Talstationen der Skilifte hindurch südwärts ansteigen (der markierte Umweg über die Teerstrasse ist nicht nötig). Im Furggtälli via Furggu und Schönenboden auf den Antronapass (2838 m), Abstieg zum Lago di Cingino (2250 m). Die neue Hütte (Bivacco) befindet sich beim Bach etwa 200 Meter südlich der Mauer. Nicht reservierbar. An Wochenenden in der Hochsaison kann sie voll sein.

2. ETAPPE BIVACCO CINGINO – CHEGGIO
Wanderzeit 7 Std. **Distanz** 13,5 km
Aufstieg 825 m **Abstieg** 1600 m
Route Abstieg zunächst dem Bach entlang zur Alpe Saler, via Alpe Lombraoro inferiore zur Alpe Casaravera. Bei der Alpe Granarioli hinunter zum Rio Troncone. Am Ende des Bacino di Campliccioli zum Strässchen, über die Staumauer und gleich nach rechts. Abstieg bis zum Bildstock oberhalb der Alpe Ronco (ca. 1140 m). Hier zunächst leicht aufsteigend zur Alpe Furnalei. Steiler Aufstieg via die drei Alpi Forcola zur Passhöhe (1920 m). Abstieg via Alpe Curtvello und Alpe Fraccia nach Cheggio und zum Rifugio (1475 m).
Hinweis Mit einer zusätzlichen Übernachtung am Antronasee in zwei Etappen teilbar.

3. ETAPPE CHEGGIO – BOGNANCO FONTI
Wanderzeit 6½ Std.
Distanz 12 km **Aufstieg** 890 m
Abstieg 1690 m
Route Der Wanderweg geht 50 Meter unterhalb der Kapelle in der Ortsmitte links von der Strasse weg, steigt zunächst am nördlichen Hang an, dann nahe des Rio Fornalino auf der (in Gehrichtung) linken Seite. Im unteren Teil wegen der Viehpfade schwer erkennbar, oben besser. Über den Passo del Fornalino (2345 m) zur Alpe Fornalino (Bivacco). Nun Richtung Nordwesten über den Graben, dann Richtung Norden absteigen. Bei der Alp Pezza Lunga auf 1300 m kurze weglose Passage in den Wald, wo man wieder auf den Wanderweg trifft. Die Rohrleitung überqueren und zum Rio Asinera, (Badestelle), dann dem Weg nach Forno folgen. Weiter wie Wanderung 7.

8A VARIANTE CHEGGIO – RIFUGIO ALPE IL LAGHETTO – BOGNANCOTAL
Von Cheggio aus erreicht man das Bognancotal auch über den Passo della Preja.
Wanderzeit (bis Alpe il Laghetto) 5½ Std. **Distanz** 12 km
Aufstieg 1010 m **Abstieg** 450 m
Route Entlang dem Stausee von Cheggio, Aufstieg zum Passo della Preja (2327 m), Abstieg auf der GTA-Route via Campo zum Rifugio Alpe il Laghetto (2039 m). Abstieg wie Nr. 7, 2. Etappe.

Wald bei Forno.

Ein Wegweiser mit Geschichte.

SAAS-ALMAGELL – BOGNANCO | 141

Im Bann des Monte Rosa

Mattmark – Macugnaga – Carcoforo – Colle d'Egua – Pontegrande

9

Die viertägige Tour von Mattmark bis nach Pontegrande im Anzascatal steht im Bann des Monte Rosa, der sich auf dem Monte-Moro-Pass zum ersten Mal blicken lässt. Nach Macugnaga geht es über seltener begangene Pässe, Täler und Grate weiter, die sich zu einer schönen Fussreise zusammenfügen.

Lago Smeraldo: So nennen die Italiener den grossen Mattmark-Stausee, der sich am Weg zum Monte-Moro-Pass ausdehnt, denn er ist auffällig smaragdgrün und ausserdem undurchsichtig wie Milch. Das Postauto fährt im Sommer stündlich von Saas-Grund bis zum Staudamm auf fast 2200 m ü. M. Dort hat es nichts als ein Restaurant, den See, gute Luft sowie die kahle, kraftvolle Walliser Bergwelt mit den vom Eis glatt geschliffenen Felsen. Die Gletscher, die ihr Nährgebiet auf über 4000 m ü. M. beim Allalin-, dem Strahl- und dem Fluchthorn haben, reichten vor wenigen Jahrzehnten noch viel weiter herab als heute. Auch der Allalingletscher ist durch die Klimaerwärmung geschmolzen. Sein Ende ist weit oben über einer Felsenklippe gerade noch sichtbar. Der Monte Moro ist einer jener Grenzpässe mit einer langen und wechselvollen Geschichte. Über ihn zogen die Walser in den Süden, er diente dem Handel, Raubzügen gegen die Nachbarn, Pilgern und Schmugglern, bevor die Touristen kamen, für die das Reisen eine Freizeitbeschäftigung war und keine wirtschaftliche Notwendigkeit. Zu ihnen zählte die Engländerin Eliza Robinson Warwick Cole. Sie übernachtete 1859 in der Herberge, die am damals natürlichen Mattmarksee stand. Das Mittagessen fand sie mittelmässig. Sie und ihr Gatte hatten sich dem Saaser Johann Joseph Imseng anvertraut, der nebst Bergführer und Hotelier auch Priester war. 1849 sauste er auf selbstgebauten Brettern von Saas-Fee nach Saas-Grund, um einem Sterbenden die letzte Ölung zu verabreichen. Diese Skiabfahrt gilt als die erste in der Schweiz. Später ertrank er im Mattmarksee, der den Ruf hatte, verhext zu sein. Der Allalingletscher staute ihn auf, öfters brach das Wasser durch, worauf es unten im Tal schwere Schäden anrichtete. Nach einem solchen Ereignis gelobten die Bewohner im Jahr 1680, für vierzig Jahre auf Tanz und Spiel zu verzichten, um den See nicht zu reizen. Glaube und Aberglaube waren nah beieinander.

An der Ostwand des Monte Rosa sind die Gletscher auf dem Rückzug.

Eine Reise wert
Der Aufstieg zum Monte-Moro-Pass beginnt am oberen Ende des Lago Smeraldo. Er wird nach dem Tälliboden steiler und führt als Felsentreppe auf die Passhöhe, über der auf einer Art Riff die goldene «Madonna delle Nevi» schwebt. Die schlanke Frauenfigur hat ihren Reiz, als Blickfang allerdings einen schweren Stand. Denn auf dem Pass zeigt sich erstmals auch der Monte Rosa in seiner Herrlichkeit, wobei am Nachmittag gerne aufsteigende Nebel die Ostwand aus Fels, Eis und Schnee verhüllen. Das sieht dann aber immer noch atemberaubend aus. Das plötzliche Auftauchen des Bergriesen hat schon manchen Reisenden überwältigt: «Dieser spektakuläre Anblick ist unvergesslich. Er ist allein eine Reise von England wert», notierte 1825 der Maler William Brockedon und auch Lady Cole war begeistert von der majestätischen und strengen Grandezza der Szenerie. Die 2500 Meter hohe Ostwand gilt als mächtigste Felsenstufe der Alpen. Von blendend weissem Firn bedeckte Gipfel bilden den krönenden Abschluss. Die Signalkuppe, die Punta Zumstein, die Dufourspitze – der höchste Punkt der Schweiz (4634 m) – und das Nordend wirken alle unerreichbar und wie in eine andere Sphäre entrückt. Immerhin zehn Spitzen des Monte Rosa ragen deutlich über die 4000-Meter-Marke hinaus. Die Geschichten ihrer Erstbesteigungen, der Abenteuer, Heldentaten und Tragödien, die sich in den Wänden, auf den Graten und Gletschern, beim Klettern und Traversieren zugetragen haben, füllen ganze Bücher. Der Name des Monte Rosa soll übrigens nichts mit der Farbe zu tun haben, sondern vom Dialektwort *Roise* herkommen, das im Aostatal Gletscher bzw. Moräne bedeutet.

Auch Horace Bénédict de Saussure war vom Monte Rosa fasziniert. In Turin hörte er vom kleinen Goldgräberdorf Macugnaga, das direkt an dessen Fuss gebaut sei. Als er es 1789 besuchte, bezauberte ihn die Lage mit den unten aus Stein, oben aus Holz gefertigten Walserhäusern, die in den Weiden verstreut standen. Er hatte allerdings grosse Mühe, eine Unterkunft zu finden. Erst als der Pfarrer eingriff, war ein Hotelier bereit, die Reisegruppe zu beherbergen. Die Nahrung bestellten die Genfer dann in Vanzone; in Macugnaga gebe es nur beinhartes Roggenbrot und Milchprodukte zu essen, bedauerte de Saussure im Bericht *Voyage dans les Alpes*. Im 19. Jahrhundert folgten Natur-

Ein Bach speist den Mattmark-Stausee.

forscher, Künstler und gutbetuchte Reisende seinen Spuren. Macugnaga wurde zum Bergsteigerdorf. Ehemalige Bauern arbeiteten nun als Wirte und Bergführer. Zu diesen zählte Ferdinand Imseng, ein Gämsjäger aus Saas-Fee, der auswanderte und zunächst in den Goldminen von Pestarena schuftete. 1872 führte er britische Alpinisten auf dem Weg zur Dufourspitze als Erster durch die berüchtigte Ostwand des Monte Rosa. Danach gelangen ihm weitere anspruchsvolle Erstbesteigungen. 1881 riss ihn eine Lawine in der Ostwand in die Tiefe. Viele andere Alpinisten haben den Ruf des Monte Rosa mit dem Leben bezahlt. Das dokumentiert der Friedhof bei der alten Kirche, wo die Schilder eines Gemeinschaftsgrabs die Namen der Opfer aufführen.

Seit 1962 gondelt man vom Monte-Moro-Pass bequem mit der Luftseilbahn nach Macugnaga hinunter. Die rote Kabine überwindet in zwei Sektionen fast 1500 Höhenmeter, die sich auch zu Fuss vernichten lassen. Ein guter Kompromiss besteht darin, bis zur Mittelstation die Seilbahn zu nehmen und von der Alpe Bill aus den aussichtsreichen Saumpfad. Oben ist der Hang derart steil, dass Lady Cole allen Frauen davon abriet, das Wagnis einzugehen – ausser in einer Sänfte, versteht sich. So kommt man am Ende an der alten Kirche vorbei, dem ältesten Gebäude von Macugnaga. Vor der Friedhofsmauer lässt jedes Frühjahr die uralte Linde ihre Blätter spriessen. Der deutsche Sprachforscher Albert Schott hatte dem hohlen Baum schon 1840 das baldige Ende vorausgesagt. Laut der Legende brachte eine Emigrantin aus dem Saastal das Bäumchen im 14. Jahrhundert mit. Sie zählte zu den ersten Walserinnen, die sich Z Makaná niederliessen, wie sie ihre neue Heimat nannten. Heute ist Macugnaga der grösste Kurort in den Ossolatälern. Im Sommer herrscht Betrieb. Dennoch lohnt es sich, einen Tag lang Station zu machen, zum Belvedere aufzusteigen und von dort über die Moränen zum Rifugio Zamboni-Zappa. Auf seiner Terrasse wirkt der Monte Rosa zum Greifen nah. Während man seine Details betrachtet, die sich in der glasklaren Höhenluft mit unwirklicher Schärfe abzeichnen, stärkt man sich vielleicht mit Minestra, Pasta und Formaggio. Alles zusammen ergibt unter dem tiefblauen Himmel einen preiswerten Gesamtgenuss, der dem inneren Gleichgewicht mindestens so zuträglich ist wie zehn Stunden Yoga (Vorschlag 9a).

Zwei gegensätzliche Pässe

Danach geht es einsamer und weniger spektakulär weiter ins Valle Quarazza (das die Walser Kratzertal nannten). Nach anderthalb Stunden leichten Gehens, am Schluss durch einen Moorwald, zeigen sich in den Crocette die Fabrikgebäude und das Waschbecken einer verlassenen Goldgräbersiedlung. Eine Seilbahn brachte das goldhaltige Material der höher gelegenen Abbaustellen heran. Albert Schott begegnete in dieser Gegend einem Walliser, der eine Grube pachtete und mit viel Aberglauben ans Werk gegangen sei: «Bloss mit Habsucht und Geduld ausgestattet haben diese Leute, wenn ihnen nicht besonderes Glück lächelt, kaum etwas Anderes als Verarmung zu erwarten, sie sind aber blind und taub, die wahren Schatzgräber und Alchimisten.» Schott, der als einer der Ersten die Walsersprache erforschte, kämpfte sich damals von Rima über den Kleinen Turlopass nach Macugnaga durch. Das Quarazzatal schildert er als «wildes, ödes Gebiet, voll düstrer Nadelwaldungen». Genauso spannend sieht es heute noch aus. Es ist sogar eine Spur einsamer geworden. Früher belebten die Gläubigen aus dem Wallis diese anspruchsvolle Passage, wenn sie zum Sacro Monte von Varallo pilgerten. Auch die Alpe Bottiggia ist menschenleer. Schott wurde hier von einem Hirten auf-

Die goldene Madonna delle Nevi schwebt über dem Monte-Moro-Pass.

genommen, der für die abwesende Sennin eingesprungen war: «In allen diesen Alpen ist das Hirtengeschäft eine Sache der Weiber, und Mannsleute geben sich beinah nur in dem Sinne dazu her, wie sie anderwärts die Spindel oder den Kochlöffel ergreifen würden.» Das war auch den beiden Schweizer Malern Gabriel Lory und Maximilien de Meuron aufgefallen. Sie hielten sich 1821 in Macugnaga auf, wo sie keine Frauen antrafen, denn die Damenwelt schaute auf den Alpen zum Vieh und stellte Käse her.

Bei der Alpe Bottiggia, die nunmehr Alpe Schena heisst, verlässt man den perfekten militärischen Saumpfad, der über den Turlopass weiterführt, und wählt die steile Spur zum Colle della Bottiggia. Man erreicht den Übergang nach einer Stunde, am Schluss über Felsbrocken kletternd. Auf der Ostseite erleichtern Steinplatten den Abstieg durch Geröll und Matten zum Rifugio Massero, das hoch über dem Val d'Egua steht. Das grüne Tal ist wie eingemauert zwischen den Bergfürsten, deren Kronen in der Abendsonne glänzen. Man versucht, anhand der Karte zu eruieren, welches der Pizzo Tignaga sei, findet neben dem Cimonetto den Cimone und erkennt dazwischen den Saumpfad zum Colle d'Egua. Die freundlichen Gipfel, die sozusagen aus dem Nebel der Unwissenheit hervortreten und Gestalt annehmen, werden für einen Moment zu Weggefährten ebenso wie die Leute, die die kleine Hütte in Schwung halten. Dann zieht man weiter. Wandern heisst auch immer Abschied nehmen.

Am nächsten Vormittag, nach dem Besuch von Carcoforo, lernt man den Colle d'Egua aus der Nähe kennen. Er ist ziemlich das Gegenteil des schroffen Bottiggia-Passes: einladend, grün, ein Vergnügen für Jung und Alt. Jenseits der Passhöhe ducken sich tief unten die Gebäude der Alpe Selle. Sie bilden ein kleines Dorf auf dem weitläufigen Sattel des Colle Baranca. Links geht es ins Anzascatal, rechts ins Valsesia, unter der Wand des Cimone ruht der Lago di Baranca. Mitten in diesem Idyll fällt neben dem Wildbach die Ruine einer Villa auf. Sie gehörte dem Turiner Autofabrikanten Vincenzo Lancia. Er taufte sie «Aprilia»: wie eines seiner Automodelle. Der Rennfahrer und Liebhaber röhrender Sechszylindermotoren zog sich gerne in die Stille der Berge zurück. Im Zweiten Weltkrieg wurde diese ab und zu von Schüssen und Explosionen zerrissen. 1944 setzten – je nach Überlieferung – faschistische Truppen oder Partisanen die Villa Lancia in Brand, die diesen als Versteck diente. Die Ornamente und Säulen, die die Jahre überdauerten, lassen erahnen, wie vornehm der Palast neben den Hütten war. Eine dieser Hütten ist als «Albergo degli» angeschrieben. «Alpinisti» muss man ergänzen; denn so hiess das Berghaus, doch ist es längst ausser Betrieb. Am Südende der Alpe Selle sorgt seit 2018 das Rifugio Alpino für Ersatz. Der Besitzer, ein Maurer, hat es auf dem Fundament eines Gebäudes errichtet, das seinen Grosseltern gehörte. Geführt wird es von seiner Frau, die eine neue Aufgabe hat, nachdem sie die Kinder grosszog, wie sie sagt.

Der Abstieg nach Pontegrande

Der letzte Wandertag wartet noch einmal mit einer prächtigen Strecke auf. Ein wenig frequentierter Pfad erschliesst über den Passo del Dente das obere Valle Olocchia, in dem sich Fuchs und Hase auch tagsüber Gute Nacht sagen. Dann steigt man auf dem Bergrücken zwischen dem Valle Baranca und dem Valle Anzasca bis Provaccio ab. Hier trifft man auf die Überreste der Skistation von Bannio. Die

Oben: Abendstimmung beim Rifugio Massero oberhalb von Carcoforo.
Unten: Eine schöne Passage am Colle d'Egua.

Die Villa Lancia auf der Alpe Sella wurde im Zweiten Weltkrieg zerstört.

Anlagen wurden 1992 geschlossen, aber nie entfernt. Sie gehen auf die Initiative eines einheimischen Unternehmers zurück, der als Organisator eines florierenden Schmuggels angeblich ein Vermögen gemacht hatte. Im Restaurant mit dem Wellblechdach ging es nach den Schilderungen der Einheimischen in den besten Zeiten hoch zu und her. Tempi passatissimi. Die Masten mit den erstarrten Rollen des Sessellifts rosten vor sich hin. Die Betonstützen bröckeln. Die Drahtseile der Skilifte werden vom Laub der Birken verschlungen, die inzwischen hochgewachsen sind. Und doch scheint es, als müsste jemand bloss den Schalter drehen, um die Mechanik wieder in Bewegung zu setzen.

Die beiden Ortskerne der Doppelgemeinde Bannio Anzino besetzen zwei durch den Graben der Olocchia getrennte Terrassen über dem Anzascatal. Bannio, eines der schönsten Dörfer im Eschental, leistet sich gleich vier Kirchen. Drei davon stehen am städtisch anmutenden Dorfplatz. Der elegante Campanile der grossen Pfarrkirche ist ein Monument von nationaler Bedeutung. Das kleinere Gotteshaus gleich daneben dient als Ausstellungsraum für das Museo dell'Immateriale: eine Art Heimatmuseum ohne Sammelstücke, in dem Plakate über vergangene Zeiten informieren,

Reste der Sesselbahn von Provaccio, dem ehemaligen Skigebiet von Bannio.

über Speisen, Bräuche, Glauben und Aberglauben. Die Kapelle der Madonna della Neve, der vierte Sakralbau, versteckt sich in einer Lichtung am Ende der Via Crucis, die aus dem Ort hinausführt. Am 5. August findet hier jeweils das soldatisch-religiöse und dennoch fröhliche Fest der uniformierten Milizie Tradizionali statt. Die Feier zum Jahrestag der Schneemadonna hat eine lange Tradition. Der englische Reisende Samuel W. King, den seine Frau, das Maultier Mora und ein Führer begleiteten, wurde in Bannio von den Kirchenglocken und den melodiösen Gesängen der in Trachten gekleideten Gläubigen geweckt, wie er in seinen 1858 veröffentlichten Aufzeichnungen schrieb. Sie waren aus dem ganzen Tal hergekommen und zogen in einer langen Prozession mit Flaggen, Kruzifixen und Laternen durch die Gassen – gefolgt von einer Priesterschar im Ornat. De Saussure, der sich 1789 am Vorabend der Festlichkeiten in Bannio aufhielt, berichtete seinerseits von «Frommen & Schaulustigen aus dem ganzen Tal und aus den benachbarten Tälern», die in Scharen andächtig auf dem mit Kerzen und Fackeln beleuchteten Kreuzweg zur Madonnenkirche pilgerten. – Von hier aus führt ein Fussweg durch den Kastanienwald nach Pontegrande an die Anza: das schöne Ende einer enorm schönen Tour.

9 MATTMARK – MACUGNAGA – CARCOFORO – COLLE D'EGUA – **PONTEGRANDE**

Anreise/Start Postauto ab Visp via Saas-Grund nach Mattmark
Rückreise Bus (Comazzi) ab Pontegrande
Karte Carta escursionistica (1:25'000) Nr. 5 und 6 (Valle Anzasca)
Charakter Technisch mittelschwer. Meist gut markierte Wege. Schwierigere Passage über Felsblöcke am Passo di Bottiggia (2. Etappe).
Jahreszeit Juli bis September/Oktober
Einkehren/Übernachten
Monte-Moro-Pass: Rifugio Oberto Maroli, Tel. +39 032 46 55 44; Macugnaga: macugnaga-monterosa.it; Carcoforo: Rifugio Massero (alpinrunner.it); Albergo Alpenrose (im Ort), Tel. +39 346 236 99 18; Alpe Egua: Rifugio Boffalora, Tel. +39 016 39 56 45; Alpe Selle: Rifugio Alpino, Tel. +39 347 26 22 880; Bannio: Albergo Passo Baranca, +39 342 70 17 351; Posto Tappa im Gemeindehaus, Tel. +39 032 896 57 (Gemeinde) und +39 340 29 33 496 (Laden in der Via Roma 12).

1. ETAPPE MATTMARK – MACUGNAGA
Wanderzeit 4 Std. **Distanz** 11 km
Aufstieg 670 m **Abstieg** 390 m (Angaben unter Benutzung der oberen Sektion der Luftseilbahn, sonst plus 1 Std./1150 m Abstieg).
Route Von der Staumauer (2200 m) auf der in Gehrichtung linken Seite ans obere Ende des Stausees. Aufstieg auf gut markiertem Bergweg zur Passhöhe (2853 m). Abstieg entweder mit Sesselbahn (zwei Sektionen) oder zu Fuss. Von der Mittelstation auf der Alpe Bill (1703 m) auf dem Saumweg zur alten Kirche, durch das «Dorf» und auf Fusswegen am Museum vorbei und dem Bach entlang nach Staffa ins Zentrum von Macugnaga (1327 m).

2. ETAPPE MACUGNAGA – RIFUGIO MASSERO
Wanderzeit 6¾ Std.
Distanz 13½ km **Aufstieg** 1370 m
Abstieg 620 m
Route Auf dem Steg im Ortsteil Opaco über die Anza (untere Brücke wurde 2018 zerstört), auf dem Natursträsschen nach Quarazza mit dem Stausee Lago delle Fate (zwei Restaurants). Auf dem Weg zum Turlopass via Crocette aufsteigen bis zur Alpe Schena (2005 m). Hier die Mulattiera verlassen und ostwärts steil und teils weglos, aber markiert (B98a) zum Colle della Bottiggia (2607 m). Kurz vor dem Pass anspruchsvolle Passage über Steinblöcke (ca. 150 Meter). Steiler, gut unterhaltener Abstieg zum Rifugio Massero (2082 m).

MATTMARK – PONTEGRANDE | 153

Die Kirche und Wohnhäuser von Carcoforo im Valle d'Egua.

3. ETAPPE RIFUGIO MASSERO – ALPE SELLE
Wanderzeit 5½ Std.
Distanz 10½ km
Aufstieg 950 m **Abstieg** 1210 m
Route Abstieg entlang dem Rio Fornetto. Um dem Asphaltabschnitt am Schluss (ca. 1 km) auszuweichen: Vor Überqueren des Rio Fornetto nach rechts, 100 Meter zur Alpe Selva Bruna (112). Von hier aus zuerst auf einer Wegspur, dann auf gut sichtbarem Weg auf der rechten Talseite bis zum Sportplatz und über die Brücke nach Carcoforo (1304 m). Aufstieg nordwärts. Durch die Gassen und via Rifugio Boffalora zum Colle d'Egua (2239 m). Abstieg zur Alpe Selle / Colle Baranca (1824 m, Rifugio auf dem Sattel 500 Meter südlich).

4. ETAPPE ALPE SELLE – PONTEGRANDE
Wanderzeit 5½ Std. (inkl. Gipfelaufstieg Pizzetto) **Distanz** 12 km
Aufstieg 300 m **Abstieg** 1460 m
Route Von der Alpe Selle nordwärts über den Passo del Dente (1885 m) zur Alpe Anciüm, Abstieg ins Valle Olocchia, über den Bach, auf der linken Seite kurz weiter zur Alpe Curtet. Links vom Hauptweg abzweigen und durch den Wald aufsteigen (Richtung Rausa).
Auf dem Sattel Aufstiegsmöglichkeit zum Aussichtsberg Pizzetto (1879 m). Via Rausa und Alpe Loro nach Provaccio (Bergstation des ehemaligen Sessellifts). Oberhalb der Alpe Balmo den Grat nach rechts verlassen (! Stelle schlecht markiert), über Matte nach Balmo, auf Treppe und dann auf Saumweg bis Ortsteil Fontane. Hier 100 Meter auf Strasse abwärts, rechts auf den kurzen Weg mit Holzgeländer (! keine Markierungen), vor dem Haus links und wieder rechts auf die Mulattiera. Sie überquert die Strasse und führt durch den Wald zum Ortsein-

Brücke zum Rifugio Zamboni-Zappa am Fuss des Monte Rosa.

gang von Bannio (Kappelle San Bernardo). Nach 100 m auf der Via Roma rechts durch Gässchen und durch Via Don Nino ins Zentrum (670 m). Bannio zwischen den beiden Kirchen nach Westen verlassen zur Kapelle Madonna della Neve, dann durch den Wald nach Pontegrande (550 m). Zur Brücke über die Anza: am besten links um die Kirche Pietro e Paolo herum.
Weiterwandern Kombinierbar mit Nr. 10, 10b, 10c.

9A MACUGNAGA – BELVEDERE – LAGO DELLE FATE / QUARAZZA – MACUGNAGA
Wanderzeit 5¾ Std. (abkürzbar auf 3 Std.) **Distanz** 13½ km
Aufstieg 510 m **Abstieg** 1080 m
Charakter Mittelschwer, Abstieg teils steil.
Jahreszeit/Karte Wie Nr. 9
Unterkunft Belvedere: Rifugio CAI Saronno, Tel. +39 032 46 53 22;
Rifugio Zamboni-Zappa, Tel. +39 032 46 53 13
Route In Macugnaga von der Hauptkirche durch die «Hintere Gasse» nach Ripa, über den Steg nach Opaco, auf der Südseite flussaufwärts, nach 1 km über Strassenbrücke, am Eishockeyplatz vorbei zur Talstation der Luftseilbahn. In zwei Sektionen zur Bergstation Belvedere (1904 m). Nach Süden über die Moräne des Belvederegletschers zum Rifugio Zamboni-Zappa. Weiter auf B47 zu den Piani Alti (2100 m, alte Seilbahnstation). Abstieg auf dem Sentiero Natura Monte Rosa zum Lago Secco (nach 1½ km Abstiegsmöglichkeit nach Opaco). Weiter auf dem Sentiero dei Cacciatori, Aufstieg zur Alpe Bletza (1687 m) und Abstieg zum Lago delle Fate bei Quarazza (Restaurants). Zurück nach Macugnaga via Motta und Opaco (Steg bei Ronco 2018 eingestürzt).

DIE KATASTROPHE VON MATTMARK

Beim Bau des Staudamms für den Mattmark-Stausee ereignete sich das grösste Unglück in der neueren Schweizer Baugeschichte. Am 30. August 1965, einem sehr warmen Tag, brach am Nachmittag um Viertel nach fünf Uhr die Zunge des Allalingletschers weg. Enorme Eis- und Geröllmassen rutschten mit rasender Geschwindigkeit über die Steilwand ins Tal, wo sich das Barackendorf der Baufirmen und der Arbeiter befand, die am Staudamm arbeiteten. Die Druckwelle hob selbst schwere Baumaschinen in die Luft, dann wurden die Wohnbaracken, die Kantine und die Werkstätten verschüttet.

86 Männer und zwei Frauen fanden den Tod, darunter 56 Italiener und 23 Schweizer. Der italienische Arbeiter Mario Vieleli, der überlebte, erinnerte sich: «Kein Geräusch. Nur ein fürchterlicher Windstoss, und meine Kameraden flatterten wie Schmetterlinge davon. Es gab ein grosses Donnern, dann war Schluss.» Es dauerte Monate, bis die Bagger zu den letzten Opfern vordrangen, die unter einer viele Meter dicken Schicht aus Eis und Geröll begraben lagen: unter insgesamt zwei Millionen Kubikmeter Material. Es war eine furchtbare, schockierende Katastrophe.

In Italien vermischte sich die Trauer mit der Wut auf die Behörden und die bauführende Zürcher Elektrowatt AG, die den Installationsplatz direkt unter dem hängenden Gletscher angelegt hatte. Hatte sie finanzielle Überlegungen über die Sicherheit der Arbeiter gesetzt? Eine vom Nationalfonds mitfinanzierte Studie der Universität Genf, die fünfzig Jahre nach dem Unglück unter der Titel «Mattmark, 30. August 1965 – Die Katastrophe» als Buch erschien, kommt zu diesem Schluss: «Das ausschlaggebende Kriterium für die Wahl des Standorts war zweifelsohne wirtschaftlicher Art.» Die Verantwortlichen machten seinerzeit hingegen geltend, die Katastrophe sei nicht voraussehbar gewesen. «Niemand hat erwartet, dass sich ein derartiger Gletscherabbruch ereignen könnte», sagte der damalige Bundesrat Roger Bonvin, der zu Beginn des Projekts als Ingenieur für die Elektrowatt AG tätig gewesen war.

Dies steht im Widerspruch zu den Äusserungen der Arbeiter, die in den Tagen vor dem 30. August kleinere Eisabbrüche festgestellt hatten. Sie hätten als Warnsignale dienen können, doch weder wurden Messungen am Gletscher vorgenommen, noch ein Alarmsystem eingerichtet, wie es Fachleute empfohlen hatten. 1954, als die Projektierung begann, hatte der

Sicherheitsexperte des Bundes vor den Risiken des Gletschers gewarnt. Der Lausanner Geologieprofessor Nicolas Oulianoff sprach von einem «Damoklesschwert», unter dem man sich nicht aufhalten sollte. Je nach Phase waren weit über tausend Arbeiter an der Aufschüttung von Europas grösstem Erddamm beschäftigt. Die Katastrophe, die sich am Ende der Bauzeit ereignete, hätte noch schlimmer ausgehen können. Wäre der Gletscher zu einem früheren Zeitpunkt oder in einer anderen Tageszeit abgebrochen, hätten möglicherweise mehr Leute den Tod gefunden.

Der Gletscher nach dem Abbruch.

Die Anteilnahme war auch in Teilen der Schweizer Bevölkerung gross. Die Gewerkschaften unterstützten die Familien der Opfer mit Solidaritätsaktionen, die Glückskette sammelte 2,3 Millionen Franken. Laut der Studie der Universität Genf führte die Katastrophe mitten in der Hochkonjunktur dazu, dass die Gastarbeiter mit anderen Augen wahrgenommen wurden und «den Status menschlicher Wesen erhielten, die Mitgefühl und Wiedergutmachung verdienen».

Erst sieben Jahre später kam es zum Prozess. Das Kreisgericht Visp machte sich die Argumentation der Verteidigung zu eigen und sprach alle 17 Verantwortlichen der Elektrowatt AG, der Baufirmen, der Suva und des Kantons Wallis von der Anklage wegen fahrlässiger Tötung frei. Es verurteilte sie in einem kurzen Prozess von einer Woche bloss zu milden Bussen wegen der Unterlassung von Sicherheitsvorkehrungen. Das Walliser Kantonsgericht bestätigte später das Urteil. Die Familien der Opfer, die Zivilklagen eingereicht hatten, mussten sogar die Hälfte der Gerichtskosten bezahlen. «Zum Schaden auch noch der Spott», kommentierte der italienische Autor Giulio Frangioni. Das Unglück ist bis heute nicht vollständig bewältigt. Der offizielle Expertenbericht aus dem Jahr 1967, auf den sich die Gerichte stützten, bleibt bis 2022 unter Verschluss. Laut dem Journalisten Kurt Marti, der ihn einsehen konnte, enthält der wissenschaftliche Teil zahlreiche belastende Fakten.

Die Hauptarbeiten am Staudamm waren 1965 nach fünfjähriger Bauzeit abgeschlossen. Die offizielle Einweihung durch den Bischof von Sitten erfolgte am 25. Juni 1969. Danach wurde die Anlage dem kommerziellen Betrieb übergeben.

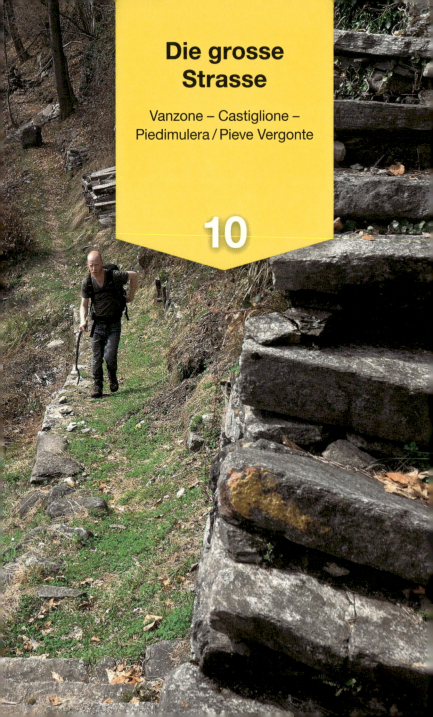

Die grosse Strasse

Vanzone – Castiglione – Piedimulera / Pieve Vergonte

10

Die Route folgt von Vanzone bis Piedimulera meistens der Stra Grande, dem alten Maultierpfad durch das Anzascatal. Eine Variante zweigt in Castiglione über die Anza nach Pieve Vergonte ab.

Die *antica mulattiera* durch das Anzascatal, auch Stra Grande, grosse Strasse, genannt, verband seit dem Mittelalter Piedimulera mit Macugnaga. Von da aus ging es über den Monte-Moro-Pass weiter ins Saastal: nach Europa, wie die Italiener sagten. Vor dem Bau der Simplonstrasse war die Stra Grande ein wichtiger Handelsweg. Gleichzeitig diente die für Transporttiere ausgebaute Strasse dem lokalen Verkehr und dem Materialtransport aus den Bergwerken. In den Minen von Pestarena und Morghen bei Macugnaga förderte man schon im Mittelalter Gold und brachte es auf dem Rücken von Lasttieren in die Städte. Der Bergbau machte das Anzascatal zum Einwanderungsland, das bis Ende des 18. Jahrhunderts unter der Feudalherrschaft der Familie Borromeo stand. Die Arbeiter kamen aus dem Kaunertal im Tirol, dem Canavese und dem Aostatal. Umgekehrt verliessen viele Einheimische die Dörfer. Ziel und Beruf hingen von den Ortschaften ab, aus denen die Emigranten stammten. Die Leute aus Anzino hatten in Rom einen guten Ruf als Hausangestellte. Zuckerbäcker und Goldschmiede, die ihr Glück in Frankreich suchten, stammten aus Vanzone; das Tal schickte ausserdem Zinngiesser und Erntearbeiter in die Zentren und die reichen Ebenen von Norditalien.

Auf der Strasse begegneten sich Einheimische und Reisende aus halb Europa: Säumer, Händler, Fürstinnen mit Gefolge, Minenarbeiter, Emigranten, Wandermönche, Bauern und Hirtinnen mit ihren Herden, Landstreicher, Pilger und Wegelagerer, die für eine Weile das Pflaster klopften. Bei Bedarf empfahlen sie sich dem Schutz der Madonna sowie der übrigen Heiligen, die ihnen in grosser Zahl von den Fresken der Bildstöcke her entgegenblickten. Sie luden die Gläubigen zu einer spirituellen Rast ein, die manche mit einem Schluck aus der Spirituosenflasche anreicherten. So war für das geistige wie das leibliche Wohl gesorgt. Die Passanten waren der Witterung ausgesetzt, von Steinschlag, Lawinen und Dieben bedroht – zwischendurch müssen sie trotzdem das Unterwegssein und die Umgebung genos-

Der kunstvoll angelegte Weg oberhalb von Castiglione.

sen haben, nicht viel anders als heutige Wanderer. Wie in den westlichen Ossolatälern üblich, führte die Hauptstrasse auf der linken Seite durch das Tal, wo einige Hundert Meter über dem Grund auf den Sonnenhängen die meisten Dörfer und Weiler zu finden waren, wo die Ackerterrassen und die fruchtbaren Alpen lagen und sich das Leben hauptsächlich abspielte.

Armut und Anmut

Die Mittel zum Bau der Stra Grande waren beschränkt. Das Werkzeug war einfach, Steine fand man in der Nähe. Dennoch spielten ästhetische Gesichtspunkte eine Rolle. Die Strasse bietet schöne Perspektiven, Kapellen schmücken sie; Pflästerungen, Abflussrinnen, Stufen und Stützmauern zeugen vom Können der Handwerker. Diese richteten das Werk nach den Schritten von Fussgängern und Lasttieren aus, gaben ihm ein menschliches Mass. In der unteren Hälfte des Tals war der Weg von Reben überwachsen, die lange Laubengassen bildeten. Ihre Blätter spendeten im Sommer Schatten, in der Herbstsonne leuchteten sie rot und gelb. Auf der Grossen Strasse des Mittelalters bildeten Schönheit und Komfort eine selbstverständliche Einheit und keinen Gegensatz. Sie bereicherte Landschaft und Dörfer, war angewandte Kunst avant la lettre, geschaffen aus Armut und Anmut. «Die Szenerie im unteren Anzascatal bezauberte uns», schrieb der Engländer Samuel W. King, der um 1858 nach Macugnaga zog. «Die Bergseite war von dichtem Wald bekleidet, während am Südhang Reihe um Reihe in Spalierform Weinreben über uns her wuchsen, da und dort unterbrochen von einer hellen italienischen Häusergruppe oder der Spitze eines Glockenturms.»

Die Stra Grande ist zu einem ansehnlichen Teil intakt geblieben. An einigen Stellen hat allerdings der Bau von Asphaltstrassen sie zerstört, die meisten Pergolen sind verschwunden. Ansonsten ist es ein Genuss, auf ihr zu gehen. Die Wanderung beginnt in Vanzone, einem Ort, der einst durch den Bergbau geprägt war. Weit oben, auf 1400 m ü. M., waren während Jahrhunderten mehrere Goldminen in

Oben: Die Stra Grande führt mitten durch Calasca.
Unten: Olino ist ganz aus Stein gebaut.

Betrieb, bis sie 1948 geschlossen wurden. Aus einem der Stollen fliesst der Crotto Rosso, ein von unterirdischen Quellen gespeister Bach mit einem hohen Gehalt an Eisen, Mangan und Arsen. Alle Anläufe, sein Wasser touristisch und für Heilzwecke zu nutzen, sind bisher im Sand verlaufen. Man überquert ihn oberhalb von Pianezza, wo er einen Wasserfall formt und die darunterliegende Felswand ziegelrot färbt. Die Mulattiera durchquert als Hauptgasse mehrere Dörfer der Gemeinde Calasca-Castiglione. Einzelne Häuser stehen direkt über dem Saumpfad, der so zur Unterführung wird. Besonders abwechslungsreich ist der Abschnitt durch Antrogna. Er endet bei der «Cattedrale tra i Boschi», der stattlichen Waldkathedrale, die man eher in einer Stadt erwarten würde. «Perfectum anno 1797» (vollendet 1797) ist an der Fassade zu lesen.

Zu den alten Dörfern

Nach Vigino verlässt man die grosse Strasse und steigt hinauf zu zwei Dörfern. Das erste heisst Olino. Mauern, Dächer, Treppen sind aus unterschiedlich grauem Granit gefertigt, auch der Plattenweg, der sie durchquert. Es ist eine Welt ganz aus Steinen, in die man für ein paar Schritte hineingerät. Nur für Türen, Fenster, das Dachgebälk und die Balkone kam Holz zum Einsatz. Olino und Drocala sind die ältesten Frazioni von Castiglione. Die beiden Orte werden 1254 erstmals schriftlich erwähnt. Erstaunlicherweise bevorzugten die frühen Bewohner die höheren Lagen über der Mulattiera, möglicherweise wegen der Nähe zu ihren Alpen oder aus Sicherheitsgründen. Olino, das nur noch von Feriengästen bewohnt ist, gilt als Dorf, in dem die Volksarchitektur besonders gut erhalten blieb. Zu den Bauten aus dem Mittelalter kamen im 18. und 19. Jahrhundert stattlichere, aber immer noch bescheidene Gebäude mit langen Holzbalkonen hinzu. Sie sind das Erbe von zurückgekehrten Emigranten. Von berührender Schlichtheit ist die Kapelle, mit dem Glockenturm so klein wie ein Kamin sowie der exzentrisch an der Hauptfassade angebrachten Uhr. Sie kommt mit nur einem Zeiger aus, der sich nicht mehr dreht. Ihre Zeit ist abgelaufen.

Auch in Drocala gibt es ein Bethaus. Es steht am unteren Rand des Weilers über einer flachen Wiese mit eingezäunten Gemüsegärtchen. Der Spruch auf einem Stein richtet sich an die Vorbeiziehen-

Der einsame Mulino dul Gabriel am Rio Preggia.

den: «Fermati o passeger e, con mesto ciglio, saluta Maria e suo figlio» (Halt ein, Vorbeiziehender, und grüsse mit gesenkter Wimper Maria und ihren Sohn). Kann man machen, umso mehr als an der Kirchenmauer Bänke zum Picknick bereitstehen und auch der Sockel des freistehenden Steinkreuzes eine Sitzgelegenheit ist. Die Augen hält man besser offen, denn so erblickt man in der Ferne die Ausläufer des Monte Rosa, des unangefochtenen Königs der Region, dem man die Reverenz zu erweisen hat. Dann geht es hinunter zum Mulin dul Gabriel. Die Mühle am Rio Preggia gehörte zuletzt Gabriele Silvetti, der sie bis zu seinem Tod im Jahr 1956 betrieb. Er kam beim Fischen ums Leben, als er von einer Heuseilbahn in den Bach abstürzte.

Der Rio trieb auch eine Säge an sowie zuletzt ein Kleinkraftwerk. Ausserdem ist neben der Mühle ein in den Fels gehauenes Becken zum Rösten von Hanf zu erkennen, aus dessen Fasern Tücher gewoben und Schnüre gedreht wurden. Die Mühlen waren multifunktionale Kleingewerbebetriebe. Es gab sie an fast allen grösseren Bächen. Ende des 15. Jahrhunderts zählte eine Bestandsaufnahme im Eschental mehrere Hundert davon. Die Müller wie Gabriele mahlten den Roggen und die Kastanien jeweils im Frühling beziehungsweise im Herbst, bevor die Bauern im Dorfbackofen das Brot buken, worauf sie es während Monaten in Holzkisten lagerten und nach und nach verzehrten. Das Backen durfte nicht schiefgehen, zu kostbar war das Mehl. Die Bewohner wählten deshalb eine zuverlässige Person aus ihrer Mitte, häufig eine Frau, die die Arbeiten als *responsabile della panificazione* anleitete. Die Backtage waren eine Abwechslung zum Alltag; Arbeit und Fest in einem. Danach gab es wieder frisches Brot: Das anstrengende Landleben bot auch Momente der Freude.

Bei Borca kehrt der Wanderweg in die Stra Grande zurück. Es folgt ein schöner Abschnitt am Hang. In Cimamulera geht es hingegen über Asphalt, bevor erneut ein grosszügiger Pflasterweg die Fussgänger wohlwollend in Empfang nimmt und nach Piedimulera hinunterleitet. Beide Orte verdanken ihre Namen ebendieser Strasse für die Maultiere (muli). Cima bedeutet dabei «oberhalb» und Piedi «am Fuss» (der Mulattiera). Piedimulera ist ein Städtchen am Westrand der Toce-Ebene. Man betritt es durch ein Tor, in dem die Landesherren Wegzoll verlangten. Das Tor bildet den Sockel des Ferrerio-Turm, des bekanntesten historischen Baus von Piedimulera. Der reiche Unternehmer Desiderio Ferrerio liess den quadratischen Wohnturm mit dicken Mauern 1597 errichten, als die Zeiten unsicher und die Überfälle auf Paläste und Reisende häufig waren.

Die andere Seite

In Castiglione zweigt eine noch ältere Mulattiera auf die rechte Talseite ab (10a). Sie geht um die Flanke des stattlichen Pizzo Camino herum. Wie eine Riesenburg bewacht dieser Pizzo den südlichen Ausgang vom Anzascatal ins Tocetal. Gleich am Anfang, unterhalb von Colombetti, überquert der Pfad die Anza auf einer Bogenbrücke, die zwischen die senkrechten Felsen der Schlucht gespannt ist. Sie wirkt verloren und vergessen. Zwischen den Steinen des Kopfsteinpflasters wachsen grüne Stauden. Es ist ein Bild aus einer anderen Zeit, das man hier zu Gesicht bekommt. Beim Hinunterschauen von der Mauer auf die schäumende und im Frühling wild tosende Anza wird es einem ein wenig schwindlig. In die Brücke aus dem Hochmittelalter sollen Reliquien des in der Region beliebten San Gottardo eingemauert sein. Weg und Steg waren auch gebaut worden, damit

Der Ferrerio-Turm ist das Wahrzeichen von Piedimulera.

die Bewohner ihre Toten aus dem noch kirchenlosen Anzascatal auf den Friedhof von Pietrasanta überführen konnten. Dieser legendäre ehemalige Hauptort des unteren Ossola stand am Ufer des Toce beim heutigen Pieve Vergonte. Ein Hochwasser überflutete ihn 1328, worauf die Bewohner ihn aufgaben.

Nach dem stiebenden Steg geht es bergauf zur schön gelegenen Alpe Pograsso. Keuchend grüsst man im Vorbeigehen an einem restaurierten Bildstock die schwarze Madonna samt schwarzem Jesuskind. Beide tragen, wie jene in Einsiedeln, eine Krone. Mutter und Kind schweben über den Sündern, die im Untergeschoss Ehebruch begehen und in den Flammen der Hölle braten, dabei aber ziemlich vergnügt wirken. Später kommt man auf der selten begangenen, attraktiven Route zur stillgelegten Goldmine des Val Toppa, bevor es nach Pieve Vergonte hinuntergeht.

10 VANZONE – CASTIGLIONE – PIEDIMULERA / PIEVE VERGONTE

Anreise/Start Bus ab Domodossola bis Vanzone (Linie nach Macugnaga)
Rückreise Zug oder Bus ab Piedimulera nach Domodossola
Jahreszeit April bis Oktober
Wanderzeit 5¾ Std. **Distanz** 17 km
Aufstieg 320 m **Abstieg** 520 m
Charakter Leicht. Meist gute Wege auf alten Saumpfaden.
Karte Carta escursionistica 1:25'000 Nr. 6 (Valle Anzasca)
Übernachten Cimamulera: Locanda Pizzo Castello, Tel. +39 0324 832 69
Route In Vanzone auf die Stra Grande und via Roletto nach Pianezza. Via Alpe Beula direkt nach Barzona (bis Herbst 2019 mit schwierigen Passagen). Beim Dorfausgang kurz auf die Strasse, in der ersten Kurve geradeaus, dann über den Bach (Val Bianca), kurz auf dem Strässchen, dann auf dem Saumweg durch Antrogna. Oberhalb der grossen Kirche auf die «Variante alta» Richtung Molini (B00, dann B00b). In Vigino auf dem Höhenweg (B96a) weiter, Aufstieg via Ronchi nach Olino. Hier 100 Meter nach der Kirche rechts über die Wiese aufsteigen, dann rechts nach Drocala (940 m). Unterhalb der Kirche nach Nordosten über die Wiese, im Wald den linken Weg wählen, steiler Abstieg zum Rio Preggia (der rechte Weg führt nach Castiglione mit Anschluss an Vorschlag 10a). Aufstieg vom Mulin dul Gabriel nach Vilasco. Kurzer Abstieg, in der Kurve bis Selvavecchia der Strasse folgen, unterhalb der Kirche die Abkürzung nehmen, kurz auf der Strasse, in der nächsten Kurve geradeaus nach Roncheggio, auf dem Saumpfad (B00) weiter bis Morlongo. Ca. 1 km auf der Strasse, dann auf dem Pflasterweg zur Kirche von Cimamulera. Um die Kurve und über die Treppe zum Saumpfad absteigen. Nach 100 Metern den rechten Weg nach Piedimulera wählen. Bushalt: Auf dem Platz nach dem Wohnturm gleich ans Ufer der Anza. Bahnhof: 500 Meter entlang der Anza abwärts.

Varianten
- Nach Vigino auf Stra Grande bleiben, ohne nach Olino aufzusteigen.
- Beginn erst in Pontegrande mit Aufstieg nach Barzona.

10A PIEDIMULERA – PIEVE VERGONTE
Anreise/Start Bahn (Richtung Novara) oder Bus ab Domodossola bis Piedimulera (mehrere Linien, Haltestelle Gramsci)
Rückreise Zug oder Bus ab Pieve Vergonte
Wanderzeit 7 Std. **Distanz** 16 km
Aufstieg/Abstieg 1030 m
Charakter/Jahreszeit/Karte Wie Nr. 10.
Übernachten Pieve Vergonte: Rifugio Ca' Bianca, Alpe Fontana. Vergonte: +39 0324 861 22, segreteria@comunepievevergonte.it

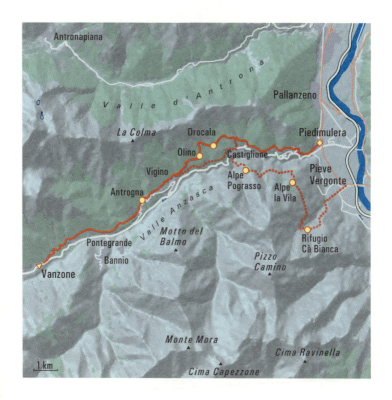

VANZONE – PIEDIMULERA / PIEVE VERGONTE

Brücke über die Anza bei Castiglione.

Route In Piedimulera zum markanten Wohnturm Ferrari in der Nähe der Anza (s. oben, umgekehrte Richtung), durch dessen Tor auf die Mulattiera nach Cimamulera. Weiter auf dem Pflasterweg, dann auf der Strasse und nach der Chiesa della Madonna delle Grazie auf dem Naturweg (B00) via Meggiana bis zur Strasse bei Casa Patta. Diese Nach ca. 300 Metern Abstieg links verlassen (Kurve schneiden), bei der Lourdes-Grotte über den Rio Preggia, 100 Meter auf der Hauptstrasse Richtung Castiglione, links absteigen nach Colombetti (Strassenkurve schneiden) und zur alten Brücke über die Anza. Aufstieg zur Alpe Pograsso (B01), dann auf dem Höhenweg talauswärts (A47a). Oberhalb des Parkplatzes Aufstieg zur Alpe la Villa (A47), auf der Strasse 200 Meter abwärts und gleich rechts auf den Höhenweg, im Wald bis zur Alpe Fontana mit dem Rifugio Ca' Bianca (Führungen in die Goldmine Val Toppa, Anmeldung für Gruppen s. Unterkunft). Flach nach Osten weiter, dann steiler Abstieg via La Testa und Casaletti nach Pieve Vergonte und durch die Via ai Mulini und die Via Massari ins Zentrum zum Bushalt beim Museo dell'Oro oder an der Chemiefabrik vorbei zum Bahnhof (220 m).
Hinweis Wanderung auch ab Castiglione (Bushalt) möglich
Weiterwandern 10 und 10a zusammensetzen, indem man von Drocala direkt nach Castiglione absteigt und in die Tour nach Pieve Vergonte einmündet (Gesamtdauer 8 Std).

10B CEPPO MORELLI – PONTEGRANDE
Weg auf der Schattenseite des Anzascatals mit romantischen Stellen und Besuch der Wallfahrtskirche Madonna della Neve.
Anreise/Start Bus ab Domodossola bis Ceppo Morelli (Linie nach Macugnaga)
Rückreise Bus ab Pontegrande
Wanderzeit 3 Std. **Distanz** 8½ km
Aufstieg 620 m **Abstieg** 1050 m
Charakter Leicht
Jahreszeit April/Mai bis November
Karte Carta escursionistica (1:25'000) Nr. 5 und 6 (Valle Anzasca)
Übernachten Ceppo Morelli: Hotel Nuovo Mondo d'Oro, Tel. +39 0324 890 118
Route In Ceppo Morelli (753 m) von der Kirche (Bushalt) aus 100 Meter auf der Strasse talabwärts. Rechts auf der Treppe zur Case Manoli absteigen. Unten auf der Mulattiera nach links (rosa Pfeile), zum Fluss

und über den Eisensteg. 50 Meter talabwärts, rechts zum Sentiero salute aufsteigen. Nach 5 Min. auf dem gut markierten Höhenweg (Sentiero salute) immer auf fast gleicher Höhe talabwärts. Kurz vor Bannio in der Wegbiegung mit Geländer die Abkürzung zur Kapelle Madonna della Neve nehmen (weisse Markierungen auf Wurzeln). Weiter nach Pontegrande (ca. 550 m) wie Nr. 9, Schluss 4. Etappe.
Weiterwandern Kombinierbar mit Nr. 9, 10.

Auf dem Pizzo Castiglione.

10C CASTIGLIONE – SEPPIANO
Verbindung vom Valle Anzasca ins Valle Antrona mit schönen Aussichten, u. a. vom Pizzo Castello.
Anreise/Start Bus ab Domodossola bis Castiglione (Linie nach Macugnaga).
Rückreise Bus ab Seppiana nach Domodossola (keine Verbindung am Sonntag)
Wanderzeit 7 Std. **Distanz** 14½ km Aufstieg 1280 m **Abstieg** 1270 m
Charakter Mittelschwer
Jahreszeit Mai bis Oktober
Karte Carta escursionistica (1:25'000) Nr. 6 (Valle Anzasca).
Einkehren/Übernachten
Rifugio Alpe la Colma,
Tel. +39 347 902 00 98
Route In Castiglione (514 m) beim Bushalt auf der Via del Pane zur Kirche aufsteigen, links vorbei und über Treppen bis zum Brunnen bei den obersten Häusern. Rechts davon beginnt der markierte Weg nach Drocala (B04). Aufsteigen bis in den Wald, dann auf dem Weg Richtung Westen zur Alpe la Barca (B96). Via Alpe Prer und Curgei zur Alpe della Colma dei Prei (Rifugio). Dem Grat nach Osten folgen über Erbalunga bis auf den Pizzo Castello (1607 m). Auf gleichem Weg zurück, nach 10 Min. zuerst nordwärts, dann auf dem Nordwestgrat via Alpe San Giacomo (Kapelle, Wasser) zur Alpe Baldana. Geradeaus weiter, nach 500 Metern den Weg links nehmen (C05). Er führt auf schwacher, aber markierter Wegspur um die Testa di Basiumo herum. Unterhalb der Alpe Mandriola di sopra ohne Markierung 5 Min. Abstieg zum unteren Weg, auf diesem höhengleich kurz nach Südwesten an den Ruinen mit Bildstock vorbei und auf wieder markiertem Weg via Alpe del Crotto zur Ovesca absteigen, über die Bogenbrücke und Aufstieg nach Seppiana (ca. 525 m). Bushaltestelle mit naher Bar 250 Meter auf der Strasse aufwärts.
Weiterwandern Kombinierbar mit Nr. 5b, 10.

DER GOLDRAUSCH IM ANZASCATAL

Noch in der ersten Hälfte des 20. Jahrhunderts war in mehreren Ossolatälern nicht nur das Klappern von Mühlen zu hören, sondern auch das Hämmern von Pochwerken und das Donnern von Sprengungen. Während Jahrhunderten förderten die Bergleute in zahlreichen Minen Gold, Silber und Eisenerz sowie in kleineren Mengen Kupfer, Kobalt, Blei, Schwefel und andere Mineralien zutage. Besonders ergiebige Goldvorkommen gab es im Anzascatal. Sie trugen ihm den Namen «valle dell'oro» ein. Im benachbarten Antronatal wurde oberhalb von Viganello und im Valle della Brevettola vornehmlich Eisenerz abgebaut; der Goldabbau spielte aber auch hier eine Rolle. «Dieses Tal ist reich an Goldlinsen, welche noch vor wenig Jahren zu Portico di S. Pietro, zu Comasca, Antrona-Piana und al Filon del salto ausgebeutet wurden und mehr als 100 Pochwerke in Bewegung setzten», schrieb der reisefreudige deutsche Arzt und Naturforscher Johann Gottfried Ebel 1809.

Das Edelmetall stammt aus dem flüssigen Kern der Erde. Es lagerte sich bei der Alpenfaltung in den Quarz- und Kiesschichten der Erdkruste ein. Um die Adern aufzufinden, verliessen sich die Bewohner auf Wetterphänomene:

«Bei dunklen Gewitternächten gaben sie acht, ob sie irgendwo ein Flämmchen oder Funken aufsprühen sahen, merkten sich dann den Ort, und untersuchten am folgenden Tag die Stelle; fanden sie zersetzte Eisenkiese, so waren die Hoffnungen erfüllt», heisst es in einem Italien-Buch aus dem Jahr 1848. Laut Ebel arbeiteten in den Minen des Anzascatals zeitweise über tausend Menschen. Die Goldvorkommen zählten zu den grössten in Westeuropa. «Von 1937 bis 1961 wurden aus dem Bergwerk von Pestarena 6000 Kilo Gold gefördert», berechnete der deutsche Mineraloge René Bruck, der die Anlagen bei Macugnaga in dieser Zeit leitete. Pestarena wurde 1961 als letzte Mine geschlossen: nach einem schweren Unglück, das vier Bergarbeitern das Leben kostete.

Im 17. und 18. Jahrhundert kannte das Anzascatal einen eigentlichen Goldrausch. Die Goldsucher eröffneten Dutzende von Minen mit langen Gängen, in denen sie mehr oder weniger ergiebige Adern ausbeuteten. Dazu kamen die Schürfer, die ihr Glück in der Anza und anderen Bergbächen zu finden hofften. Laut dem englischen Pastor Samuel W. King, der 1858 die Minen von Pestarena besuchte, arbeiteten ausserhalb der Stollen zahlreiche Frauen als

Die für Besucher zugängliche Mine des Val Toppa.

Lastenträgerinnen mit. Nach Feierabend muss der Alkohol reichlich geflossen sein, und die Sitten waren roh: «Wie es immer der Fall ist in Minengebieten, übt die Tätigkeit einen schädlichen Einfluss auf die Umgangsformen und den Charakter aus.» Die Geschichte des Goldes sei «aus grossem Reichtum, unendlichen Mühen, Tragödien und Silikose gewoben», heisst es in einem Zeitungsbericht.

Während die Minenarbeiter zu einem relativ bescheidenen Lohn ihr Leben riskierten, kamen manche Minenbesitzer zu grossem Wohlstand und Ansehen. Sie bauten sich Herrschaftshäuser und spendeten Geld zum Bau von Kirchen und Kapellen: «Viele Familien haben ihr Glück mit dem Gold gemacht, aber die Familie Testoni war die glücklichste», schrieb 1810 der Geistliche Nicolao Sottile. Er erwähnt das vornehme Haus in Piedimulera mit dem verschwenderischen Goldgeländer, das in jener Zeit dem «begabten und liberalen Herrn Erzbischof der Kathedrale von Novara» gehörte, einem Spross aus der Goldgräberdynastie. Im industriellen 19. Jahrhundert verdrängten Aktiengesellschaften aus dem Ausland die lokalen Firmen.

Eine der grössten Minen wurde bis 1947 im Val Toppa oberhalb von Pieve Vergonte ausgebeutet, wo die Anza in den Toce mündet (Wanderung 10a). Sie wird heute von der Gemeinde betreut. Rund 450 Meter des Stollens «Tagliata 2» sind elektrisch beleuchtet und bei Führungen dem Publikum zugänglich. Das ist allerdings nur ein kleiner Teil der unterirdischen Anlage. Sie zählt auf sechs Niveaus über zwanzig Kilometer Gänge, die mit Schächten untereinander verbunden sind. «Ich bin schon während sechs Stunden durch den Berg gewandert, ohne zweimal am gleichen Ort vorbeizukommen», sagt der Reiseleiter Mauro Conti. Er bietet Führungen unter Tag an und arbeitet im Winter am Unterhalt der Anlage mit. Conti engagiert sich auch deshalb für den Erhalt des Werks, weil sein Grossvater als *minatore* hier arbeitete. Er starb mit 61 Jahren an den Folgen der Silikose.

Die Führungen geben einen Einblick in das Innere des Bergs und das Leben der Bergarbeiter. Mit schweren Hämmern, Schaufeln und Pickeln trugen sie das Material ab und schoben es mit der Grubenbahn zum Ausgang. Die Karbidlampen beleuchteten die feuchten Stollen nur schwach. Nach den Sprengungen und unter der Einwirkung der Presslufthämmer, die ab 1920 zum Einsatz kamen, waren die Gänge voller Staub. Er entzündete die Augen und griff die Lungen an. Ausserdem kam es häufig zu Unfällen. So wurde das Anzascatal auch zum «valle delle vedove», zum Tal der Witwen. Die Steinstaublunge war eine verbreitete Todesursache. «Niemand hätte sich den Luxus leisten können, diesen massakrierenden, aber gut bezahlten Beruf aufzugeben, um sich dem Fortschreiten der Lungenkrankheit zu entziehen», erinnert sich Luigi Sancio, der in den 1950er-Jahren Arzt in Macugnaga war. Die Hinterbliebenen erhielten eine Pension. Dazu verlangte der Staat den Nachweis der Todesursache. Die dazu nötige Autopsie der Lunge fand in Macugnaga unter freiem Himmel statt: auf dem noch heute existierenden Steintisch unter der Linde neben dem alten Friedhof. Aufpasser mussten die Gaffer verscheuchen, während der Mediziner sich ans Werk machte.

Der Abbau der goldhaltigen Schichten des Val Toppa begann im 18. Jahrhundert, als zunächst einheimische Unternehmer und Bergleute die Adern ausfindig machten. Mit der Wasserkraft des Rio Marmazza setzten sie die *arastri* in Betrieb, in denen sie die feinen, von blossem Auge meist nicht sichtbaren Goldpartikel im Amalgamverfahren aus dem Gestein herauslösten. Die Mühlen dienten dazu, die Quarzblöcke zu Sand zu zermahlen und die leichteren Bestandteile auszuwaschen. Danach wurde Quecksilber beigegeben, das sich am Grund des Beckens mit dem schweren Gold zu einem Amalgam verband. Bei der anschliessenden Destillation verdampfte das zähflüssige und hochgiftige Quecksilber. Zurück blieb Rohgold.

Becken und Fabrikgebäude der 1953 stillgelegten Mine im Valle Quarazza.

1864 erwarb die englische Pestarena Gold Mining Co. Ltd. eine Konzession im Val Toppa und begann mit dem industriellen Abbau. Sie baute eine Seilbahn vom Tal zum Eingang der Mine und stiess bald auf eine ergiebige Ader, die «Massa Roberts». Innert 30 Jahren förderten die Engländer 100 000 Tonnen Material mit einem Goldgehalt von 25 Gramm pro Tonne und gewannen so 2500 Kilo Gold. In anderen Teilen des Bergs waren französische und italienische Unternehmen am Werk. Als die Minen 1947 geschlossen wurden, waren sie nicht erschöpft. René Bruck schätzt in einem 1978 veröffentlichten Buch über die italienischen Goldvorkommen, dass sich in den drei ergiebigsten Minen im Anzasca-Tal und im Val Toppa jährlich 1000 Kilo Gold fördern liessen: «Eine schöne Goldader zu finden, ist weder selten noch schwierig.»

Die Zeit des Goldes im Piemont war allerdings abgelaufen. Gegenüber den viel grösseren Funden in Südafrika waren die hiesigen nicht mehr konkurrenzfähig. Der Abbau wäre mit zu hohen Kosten und mit enormen Umweltschäden verbunden gewesen. Bei der 1953 stillgelegten Aufbereitungsanlage im Val Quarazza machen noch heute Schilder darauf aufmerksam, dass die Böden mit Arsen, Quecksilber und Zyan verseucht sind. Es ist untersagt, Pilze zu sammeln. Schon Nicolao Sottile kannte den trügerischen Glanz des Goldes. Er beschreibt es als «kostbares und tödliches Metall, amphibischer Preis vieler Verbrechen und vieler Tugenden».

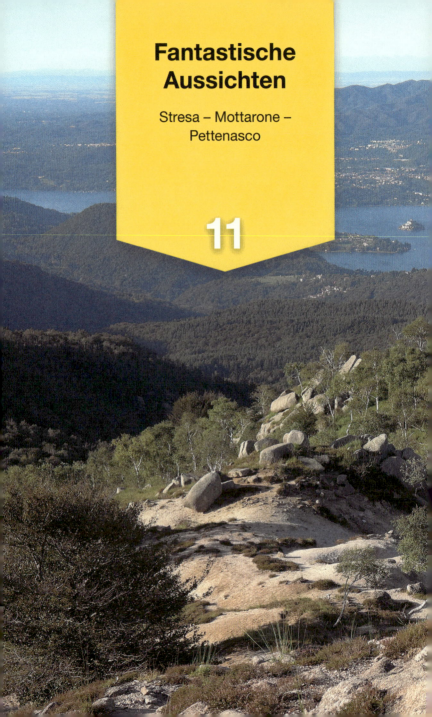

Fantastische Aussichten

Stresa – Mottarone – Pettenasco

11

Auf der Strecke von Stresa nach Pettenasco am Ortasee gilt es den Mottarone zu erobern. Dieser ist berühmt wegen des umwerfenden Panoramas. Weniger bekannt ist seine Vergangenheit als Treffpunkt der Aristokratie.

Der Gipfel des Monte Mottarone liegt auf 1492 m ü. M., ist somit nur mittelhoch. Aber er ruht so frei und unbedrängt zwischen dem Lago Maggiore und dem Lago d'Orta, dass der Rundblick selbst abgebrühte Panoramafachleute ins Schwärmen bringt. 1954 stufte die New York Times die Aussicht vom Mottarone unter die zehn faszinierendsten der Welt ein. In Italien trägt er den Zusatznamen «montagna dai panorami fantastici». Besonders fantastisch ist die Fernsicht, nachdem Regen und Wind den norditalienischen Industrie- und Verkehrssmog weggefegt haben und die Sonne wieder scheint. Dann sieht man, wie die Alpen im Süden in die Poebene auslaufen. Man glaubt den Einheimischen aufs Wort, die beteuern, sie hätten an solchen Fototagen die Türme und Spitzen des Mailänder Doms erkannt und die Krümmung der Erdoberfläche gleich dazu. Mit Garantie erkennen Ortsansässige und Fremde viele andere Spitzen und Türme; im Westen hinter Turin in den Cottischen Alpen zum Beispiel den Monviso, ausserdem den nahen Monte Rosa sowie die Walliser Hörner. Unten in den Tälern funkeln die sieben Alpenrandseen. Nicht umsonst wird der Mottarone als Rigi Italiens bezeichnet. Der Tessiner Alpinist und Politiker Federico Balli (1854–1889) bezog sich darauf, als er schrieb: «Das Panorama der Rigi ist streng, jenes des Mottarone voller Lächeln. Auf die Rigi würde ich mich begeben, wenn ich des Lebens müde bin. Auf dem Mottarone möchte ich die Flitterwochen verbringen.»

Zum Wandern eignet sich der Mottarone auch ausserhalb der Flitterwochen. Wobei ihn viele Wege erschliessen. Er ist mehr als ein Berg, nämlich ein knapp zwanzig Kilometer langes Gebirge mit etlichen Nebengipfeln, das sich von der Mündung des Toce bis ins Novarese erstreckt. Seine Flanken sind weniger steil als die Eschentaler Sockel weiter im Norden. Jedenfalls passt der Name: Mottarone bedeutet «runder Hügel». Für Bahnreisende ist Stresa ein guter Aus-

Blick vom Mottarone auf den Ortasee.

gangspunkt, um ihn zu entdecken. Die untere, für Fussgänger weniger interessante Stufe überwindet man vorteilhafterweise mit der Luftseilbahn. Beim Hinaufschweben hat man ein paar Minuten Zeit für den ersten Blick auf den Lago Maggiore und die Borromäischen Inseln.

Die alte Zahnradbahn

Die Seilbahn gibt es seit 1970. Von 1911 bis 1963 brachte eine Schienenbahn die Passagiere nach oben. Die Ferrovia Stresa–Mottarone (FSM) war die erste italienische Zahnradbahn, und sie besass gleich zwei Talstationen: eine beim Bahnhof, die andere am See. Die gelben, von der Schweizerischen Lokomotiv- und Maschinenfabrik Winterthur (SLM) gelieferten elektrischen Triebwagen benötigten für die zehn Kilometer lange Strecke fünfviertel Stunden. Es war bestimmt ein schönes Erlebnis, sich dem Höhepunkt auf den Winterthurer Holzbänken so bedächtig zu nähern. Eisenbahnliebhaber vermissen es heute noch. Der Verlust sei unbegreiflich, bedauert eine Webseite: «Die Behörden hätten in der nahen Schweiz genügend Beispiele gehabt, wie man eine Touristenbahn neu lanciert und betreibt.» In den autoverrückten 1960er-Jahren erachteten viele die Eisenbahn als obsolet. Die Gemeinde Stresa forderte die FSM auf, die Gleise aus den Gassen zu entfernen, um Platz für den Privatverkehr zu schaffen.

Von der Mittelstation der Luftseilbahn führt ein Fussweg direkt auf den Mottarone. Er benutzt im oberen Teil das ehemalige Bahntrassee. Es lohnt sich jedoch, den Umweg über den Monte Zughero zu machen. Die Route folgt zunächst in etwa den Höhenkurven auf einem Natursträsschen nach Norden; sie überquert mehrere Bäche und Gräben und beginnt erst nach einer Stunde zu steigen, dann aber richtig. Der Zughero (1230 m) ist eine Aussichtsplattform über dem Langensee samt Metallkreuz und Gipfelbuch. Er besteht aus rötlichen Felsen. Ihre runden, durch tiefe Kerben unterteilten Formen erinnern an Elefanten. Wahrscheinlich bestehen sie aus dem rosa Granit, der auf der Ostseite des Mottarone vorkommt. Er wird seit Jahrhunderten abgebaut und verschönert so berühmte Bauten wie die Pariser Oper und den Königspalast in Bangkok. Die grössten noch genutzten Steinbrüche schlagen oberhalb von Baveno sichtbare Wunden in den Mottarone.

Der Lago Maggiore mit der Isola Bella aus der Luftseilbahn gesehen.

Man durchquert jetzt ein Tal, kommt zum Rifugio Alpe Nuovo, wandert über einen Rücken und erreicht nach einer halben Stunde den Kulm. Die Besucher teilen sich die kahle Fläche mit drei Antennenmasten sowie den Touristen, die die Aussicht, die Antennen und sich selber auf dem Handy festhalten. Sommerrodler kurven auf den Schienen des «Alpylands» hinunter bis zur Bergstation der Luftseilbahn. Auf dieser Geländestufe unterhalb des Gipfels endete einst auch die Zahnradbahn: neben dem Grand Hotel, einer weiteren verschwundenen Attraktion. Nach der Eröffnung 1884 fand sich im noblen Etablissement eine gehobene Kundschaft aus Italien und halb Europa jeweils zur Sommerfrische ein. Unter ihnen der Graf von Turin, Vittorio Emanuele Torino Giovanni Maria von Savoyen, ausserdem Elisabeth, Herzogin von und zu Sachsen mit ihrer Tochter, Margherita von Savoyen, der Königin-Gemahlin von Umberto I. Italien war bis 1946 eine Monarchie.

Ein Zentrum der Belle Époque

Gasthaus und Bahn machten den Mottarone zu einem Zentrum der Belle Époque. Ab 1908 empfing das Etablissement auch im Winter Gäste. Die sportlichen unter ihnen vergnügten sich beim Skifahren oder schossen auf dem Bobsleigh nach Stresa hinunter. Weil viele Städter aus der Lombardei sich für die Leibesübungen auf Schnee und Eis begeisterten, hiess der Mottarone bald «Berg der Mailänder». Im Januar 1935 fand auf einem der Hänge der erste internationale Riesenslalom auf italienischem Schnee statt. Ganz der Mussolini-Zeit entsprechend wurde er nach dem «Duce» benannt. Der Zweite Weltkrieg beendete diese Freuden. Die englischen Freunde waren plötzlich Feinde und blieben weg. Dafür suchten Flüchtlinge und Vertriebene Zuflucht auf dem Berg. 1943 brannte das Grand Hotel ab. Es wurde nie wieder aufgebaut.

Die heutigen Herbergen sind bescheidener. Das Rifugio Gran Baita des CAI besitzt aber eine einladende Gaststube. Es steht auf der Westseite des Bergs, blickt abseits des Trubels auf Ortasee und Monte Rosa. Nach dem Nachtessen und der Grappa ist der Sonnenuntergang eine empfehlenswerte Zugabe: *il tramonto.* Der Himmel über dem Piemont scheint in Flammen zu stehen, wenn die Feuerkugel sich mit grossem Drama verabschiedet. Nach und nach erlöschen jetzt die Gipfel, die eben noch rot glühten, während unten der Ortasee einen bleiernen Glanz annimmt und immer undeutlicher zu erkennen ist. Die Bergnacht kriecht aus den Tälern hervor. Sie breitet sich von unten nach oben aus. Die Zacken am Horizont heben sich eine Weile lang als schwarze Kulissen vom orangeroten, dann zartblauen Dämmerlicht ab, bevor die Finsternis auch sie verschlingt und die blaue Stunde endet. Wie der Dom einer uralten Stadt wacht über allen Graten und Zinnen der weisse Monte Rosa. Er glimmt in der Nacht nach, so als reflektierte sein Firn im Dunkeln das Funkeln der Sterne, die sich auf einmal tausendfach am Firmament zeigen. Der einsame Wanderer auf dem Berg kommt sich unter der Venus, den Plejaden und der Milchstrasse unbedeutend vor. Er möchte erfahren, was vor dem Urknall war und wie es hinter dem Rand des Universums aussieht – und weiss, dass er es nie wissen wird. Der Mottarone besitzt auch in der Nacht ein *panorama fantastico.*

Oben: Abendstimmung auf dem Mottarone und über dem Ortasee.
Unten: Die ehemaligen Alpen sind von Birken überwachsen.

Der Abstieg via Luciago

Der erfreuliche Ausblick nach Westen zeichnet am folgenden Tag den ersten Teil des Abstiegs aus. Es geht über Weiden und auf körnigem Gestein über windausgesetzte Bergrücken. Die Birken wachsen mit verrenkten Stämmen und Ästen. Sie sehen aus, als führten sie einen wilden Tanz in Weiss auf. Nun taucht man ein in den finsteren Wald, in dem im Herbst Pilzsucher und Jäger auf Beutefang aus sind. Der dichte Forst hat den grössten Teil des Gebirges zurückerobert, das einst den Bauern und Hirten gehörte. Neben Rindern, Schafen und Ziegen liessen sie auch Pferde grasen. Von dieser Vergangenheit zeugen die schönen Namen, die zurückgeblieben sind: Alpe del Barba, Tre Alberi, Alpe Ricca. Der Wald verbirgt ausserdem Hügel, Täler, Gräben und Bäche, eine ganze Topographie, die man erst aus der Nähe wahrnimmt. Man folgt dem Torrente Pesconetto, steigt dann ins Seitental des Torrente Pescone auf. An seinem steilen Westhang wagt sich ein anspruchsvoller Pfad zum Wallfahrtsort Madonna di Luciago vor. Die Kirche steht an der Strasse zum Gipfel und hat schon mehr als einmal den Tross des Giro d'Italia sowie Tausende von Motorrädern vorbeiziehen sehen. Wie bei allen guten Wallfahrtsstätten gibt es ausser der Madonna ein Restaurant. Je nach Geschmack können die Wandersleute den Durst mit Mineralwasser oder Bier löschen – auch dieses spendet Zuversicht und wirkt Wunder –, bevor sie auf der Mulattiera angenehm nach Armeno absteigen.

Unterhalb dieses Dorfs kommt man auf einem Feldweg erneut zum Torrente Pescone, marschiert diesem entlang nach Pettenasco am Ortasee. Bei der Schifflände befindet sich ein Badestrand. Dort lässt sich die Tour mit einem Sprung ins Wasser abrunden. Zum Glück ist das wieder erlaubt. Bis in die 1980er-Jahre war der kleinste der italienischen Alpenrandseen klinisch tot. Die Fische starben, die Fischer verloren ihre Arbeit, ans Baden war nicht zu denken. Das Übel begann 1929 mit der Eröffnung einer Kunstseidenfabrik in Gozzano. Sie leitete Tonnen von Kupfer und Ammoniumsulfat in den See. Weitere Gewerbebetriebe und die Haushalte förderten die Übersäuerung, bis das Gewässer den pH-Wert 4 aufwies, was jenem von Wein entspricht, aber weniger gut schmeckt. Erst als der Staat den Bau von Kläranlagen verlangte, besserte sich die Lage. Seither haben sich Flora und Fauna erholt, der See ist wieder sauber.

Der Badestrand von Pettenasco mit der Schiffsanlegestelle.

Entzückend, vorwitzig und einfach

Der Ortasee heisst auch Lago di Cusio: wie die Gegend, in der er liegt. Er ist lang und schmal wie eine Wurst, von Bergen umgeben und fliesst erstaunlicherweise gegen Norden ab. Ausser an den beiden Enden bleibt am Ufer bloss Raum für kleine Siedlungen. So hat er etwas von jenem Idyll bewahrt, das 1838 Honoré de Balzac betörte, als er ihn auf der Rückreise nach Paris entdeckte. In seinen Erinnerungen schreibt der französische Romanautor von einem «entzückenden kleinen See am Fuss des Monte Rosa, mit einer Insel, gekonnt in das ruhige Wasser gesetzt, vorwitzig und bescheiden, naiv und doch zierlich». Die Isola di San Giulio, um die es geht, schwimmt vor der Halbinsel Orta San Giulio. Diese besteht ihrerseits aus nichts als einem Hügel mit einer Kleinstadt am Ufer sowie aus den zwanzig Kapellen des Sacro Monte. Von Pettenasco aus erreicht man Orta in wenigen Minuten mit dem Passagierboot. Der Fahrplan ist allerdings karg, aber es gibt auch die Bahn. Was Balzac anbetrifft: Er besuchte den Ort in Begleitung seiner Geliebten, Caroline Marbouty. Diese nannte sich in der Öffentlichkeit Marcel und trat als Jüngling mit Schnauz auf, denn die reizende Dame war verheiratet. Sie fürchtete, ihr Ehegatte, ein Justizbeamter aus Limoges, könnte ihr die Polizei auf die entzückenden Fersen hetzen.

11 STRESA – MOTTARONE – **PETTENASCO**

Anreise/Start Zug bis Stresa (Linie Domodossola–Milano)
Rückreise Zug ab Pettenasco (Linie Novara–Domodossola) oder mit dem Linienschiff nach Orta bzw. Omegna (April bis September; www.navigazionelagodorta.it)
Karte Carta escursionistica 1:25'000 Nr. 17 (Mottarone)
Charakter Technisch leicht, etwas ausgesetzte Passage am zweiten Tag, konditionell mittelschwer. Meist markierte Wege.
Jahreszeit Juni bis Oktober
Einkehren/Übernachten Mottarone: Rifugio Gran Baita, westlich unterhalb des Gipfels (baitacaimottarone.com); Luciago: Albergo Madonna, Tel. +39 339 865 07 05; Pettenasco: Hotel Approdo, Corso Roma 80, approdohotelorta.com

1. ETAPPE STRESA – MOTTARONE

Wanderzeit 3 Std. **Distanz** 10 km
Aufstieg 800 m **Abstieg** 160 m
Route Vom Bahnhof Stresa durch die Via Fratelli Omarini und die Via Monte Grappa zum Lido. Mit der Luftseilbahn zur Mittelstation (820 m). Hier auf dem Strässchen zunächst aufsteigend, dann flach nach Norden. Bei der ersten Kreuzung geradeaus (VM5), via Alpe Piaghe und über den Torrente Selva Spessa. Kurz vor der Alpe Veidabia links abzweigen (VM3). Aufstieg zum Monte Zughero (1230 m). Bei der Alpe Nuovo auf der linken oder der rechten Seite des Tälchens (VN1 bzw. VM3) auf den Gipfel (1492 m). Abstieg Richtung Westen und über den Parkplatz zum Rifugio Gran Baita (1405 m).

2. ETAPPE MOTTARONE – PETTENASCO

Wanderzeit 5½ Std.
Distanz 16½ km
Aufstieg 280 m **Abstieg** 1400 m
Route Vom Rifugio über den Grat in Südwestrichtung zur Talstation des Skilifts absteigen. Auf dem Grat weiter via l'Omo nach Tre Alberi. Hier südwärts auf dem Natursträsschen 2,5 km weiter bis zur Einmündung des Fahrwegs (VP5) in spitzem Winkel. Diesem aufsteigend folgen, über den Torrente Pescone zur verfallenen Alpe Rogna (VP6). Im Wald aufsteigen, dann flach an den Rocce Levigate vorbei. Beim Sass da l'Om (961 m) geradeaus weiter (! Weg in den Graben zunächst undeutlich) bis zur Madonna di Luciago. Gleich unterhalb des Orts links der Strasse auf die Mulattiera nach Armeno. Durch den Ort (Via Giasso, V. Sappa, V. Omegna, V. Capovico). Am Ende der Via Capovico über die Hauptstrasse und links in ein Natursträsschen. Zunächst südwärts, dann westwärts (VP9a) zum Torrente Pescone und nach Pettenasco. Hier durch Via Fara Forni, V. Risorgimento, V. Marconi und V. Caduti per la Libertà zum Strand

STRESA – PETTENASCO | 183

(Bad, Schiffsanlegestelle). Zur Bahnstation: Dem Strand entlang nach Norden zum Camping, dann durch die Via Gaetano Fara und die Treppe hoch.
Sehenswert Armeno: Romanische Kirche Santa Maria Assunta (beim Friedhof, am südlichen Ortsrand). Orta San Giulio.
Weiterwandern Kombinierbar mit Nr. 12. Zunächst Nr. 11 zu den Tre Alberi absteigen, dann via Alpe Barbara nach Omegna.

11A PETTENASCO – QUARNA SOTTO
Die attraktive Zusatzetappe auf der linken Seeseite ist das Bindeglied zwischen den Wanderungen 11 und 12.
Wanderzeit 4 Std. **Distanz** 9½ km
Aufstieg 800 m **Abstieg** 290 m
Karte Wie Nr. 11
Charakter Leicht
Jahreszeit April bis September (Schiffsbetrieb)

Fassade mit Bildstock in Cologna.

Route Von Pettenasco mit dem Linienschiff (s. oben) auf die andere Seeseite nach Ronco inferiore (292 m). Aufstieg durch die Gasse und rechts am Friedhof vorbei nach Ronco superiore. Auf dem Höhenweg (Anello Azzuro) über dem Ufer seeabwärts. Hinter der Kapelle von Oira auf die Strasse in den Ort absteigen. Am Nordrand in die Via del Bosco und auf dem unteren Weg weiter zur Druckleitung (T05). Aufstieg nach Brolo, den orangen Markierungen folgen, rechts der Kirche in den Wald und auf dem Wanderweg um den Monte Zoli zu den Laghetti di Nonio (T00). Weiter auf T22 nach Quarna Sotto (802 m) wie Wanderung 12, 1. Etappe.

11B MOTTARONE-RUNDTOUR
Ein Ausflug auf den Mottarone lässt sich gut mit dieser Rundwanderung verbinden.
Wanderzeit 5 Std. **Distanz** 15 km
Aufstieg/Abstieg 800 m
Charakter/Jahreszeit/Karte Wie Nr. 11
Route Aufstieg zum Mottarone wie Etappe 1. Abstieg vom Gipfel zur Bergstation, dann auf VL1 via Sant'Eurosia, die Stazione di Pedaggio und die Alpe Secondino zurück zur Mittelstation.

11C STRESA – LESA
Der Gang durch die Dörfer über dem Lago Maggiore ist im Frühling besonders schön.
Anreise/Start Bahn bis Stresa
Rückreise Bahn ab Lesa
Wanderzeit 4 Std. **Distanz** 13½ km
Aufstieg/Abstieg 480 m

Die Kapelle San Paolo liegt in einer Waldlichtung.

Karte Wie Nr. 11
Charakter Leicht, einige Stellen spärlich markiert.
Jahreszeit März bis November
Einkehren Bars in Calogna und Comnago
Übernachten Angebote in Stresa
Route Vom Bahnhof Stresa (200 m) ins Zentrum beim Hafen. Durch die Via Garibaldi (hinter der Touristeninformation) und Via San Michele zur Piazza San Michele, Aufstieg rechts der Kapelle auf Kopfsteinpflaster (Schilder «Sentiero Stresa-Belgirate», VL2). 750 Meter nach Passera im Wald bei der Verzweigung geradeaus (nicht nach Brisino aufsteigen!). Auch bei den nächsten zwei Verzweigungen des Pfads geradeaus (Hangweg) über zwei Bäche (blaue Markierungen). Aufstieg dann erst auf dem Pflasterweg direkt zum Friedhof Sant'Albino, weiter nach Falchetto, Kapelle San Paolo, Calogna. In der zentralen Gasse durch den Ort. Aufstieg durch die Via San Bartolomeo zur oberen Strasse, diese überqueren, neben Gärten in den Wald aufsteigen. Bei der ersten Kreuzung des Pfads links (Steinplatte über den Bach) nach Santa Christina (VL3). Auf dem Waldweg Richtung Süden. Nach 400 Metern rechts zum Monte alle Croci (645 m, Rastplatz). Auf dem unteren Weg links der Golfanlage 700 Meter nach Norden, bis zur Verzweigung (geradeaus: Abstecher zum Gipfel der Motta Rossa, 685 m, plus 40 Min.). Spitzkehre nach links und Abstieg auf dem Pflasterweg. In Comnago unterhalb des Friedhofs auf den Fussweg, die Strasse zweimal kreuzen (VL7). Bei den ersten Terrassen oberhalb von Lesa 200 Meter nach links auf dem Strässchen, dann Abstieg über die Treppe und rechts der Strassenkurven weiter. Zuletzt 500 Meter auf der Strasse zum Bahnhof.

ROSMINI UND DIE VERBESSERUNG DES MENSCHEN

Viele Strassen oder Plätze in norditalienischen Städten tragen seinen Namen: Antonio Rosmini. Auch in Domodossola gibt es eine solche Strasse, und es gibt das Liceo Rosmini, das Gymnasium. Der Priester, Philosoph und Politiker zog sich 1828 für anderthalb Jahre auf den Kalvarienberg zurück, wo er im gleichen Jahr das Istituto della Carità gründete, einen Priesterorden, der noch heute besteht. Rosmini illustriere, dass es in Italien neben der oft belächelten Volksfrömmigkeit auch eine «Kirchlichkeit von hohem geistigen Rang» gebe, schreibt der Luzerner Kirchenhistoriker Victor Conzemius. In Italien gilt Rosmini als wichtigster Philosoph des 19. Jahrhunderts. Er wurde 1797 im damals österreichischen Rovereto bei Trient geboren und starb 1855 in Stresa am Lago Maggiore.

2007 sprach der deutsche Papst Benedikt XVI. Antonio Rosmini selig. Es hat gedauert, bis es so weit war. Das mag damit zu tun haben, dass das Verhältnis Rosminis zur Kurie angespannt war. Diese griff auch zum Mittel der Zensur. 1849 setzte der Vatikan sein Buch *Die fünf Wunden der Kirche* auf den Index der verbotenen Publikationen. Der Autor beschwerte sich nicht. Er folgte seinem Lebensmotto *adorare, tacere, godere* (anbeten, schweigen, sich freuen). Nach drei Jahren sprach eine Kardinalskommission das Werk wieder frei, weil es keine Irrlehren verbreite. Die teils anonymen Gegner und Denunzianten wurde Rosmini nicht los. Bis heute hält sich der Verdacht, er sei keines natürlichen Todes gestorben, sondern vergiftet worden. Dabei hatte sich Rosmini in den politischen Auseinandersetzungen zwischen dem Königreich und dem Vatikan auf die Seite von Papst Pius IX. geschlagen. Er begleitete diesen 1848 ins aufgezwungene Exil nach Gaeta im Königreich Neapel. Nach Intrigen seiner Widersacher musste er aber bald wieder abreisen, worauf er sich an den Lago Maggiore zurückzog. «Dort sah man oft in den Herbsttagen auf der Strasse, welche von Belgirate nach Stresa führt, einen Priester an der Seite eines bejahrten Freundes lustwandeln, beide im freundschaftlichen Gespräche», heisst es in einer alten Biografie. Der Freund war der grosse italienische Romancier Alessandro Manzoni.

Die «fünf Wunden» waren ebenso viele Kritikpunkte am Zustand der Kirche. Rosmini, der eine Kirchenreform einleiten wollte, bemängelte die unzureichende Bildung der Kleriker und ihre Distanz zu den oft passiven Gläubigen.

Laien und Priester zu schulen war das Hauptanliegen seines Istituto della Carità. Mit dem Orden setzte er gleichzeitig einen tragenden Gedanken seiner Philosophie um, die er nicht im Elfenbeinturm betreiben wollte. 1833 schrieb er in einem Brief: «Eine Philosophie taugt nichts, wenn sie nicht auf die Verbesserung des Menschen abzielt.»

Die einst mächtige Kirche und die Religion waren durch die Aufklärung und die Französische Revolution in die Defensive geraten. Das zeigte sich fast symbolisch am Sacro Monte von Domodossola. Der Andachtsweg war noch unvollendet, als die napoleonische Verwaltung 1810 das Kapuzinerkloster auf dem Heiligenberg auflöste. Die Güter wurden verkauft und umgenutzt. In der Folge blieben die Kapellen während Jahrzehnten ohne Pflege und schienen dem Verfall geweiht. Antonio Rosmini gab den Anstoss, die Arbeiten am Kreuzweg wieder aufzunehmen. Nach seinem Tod erwarben die Rosminianer 1863 den Komplex; sie leiteten die Restaurationen ein, ersetzten auch die zerstörte Kapelle. So retteten und vollendeten sie den Sacro Monte. Ein Bronzedenkmal vor der Klostermauer erinnert an den Ordensgründer mit der hohen Stirn und der markanten Nase. Der Sacro Monte ist noch heute ein Zentrum der Rosminianer. Sie haben im Kloster das internationale Noviziat eingerichtet. Zahlreiche ihrer Mitglieder sind hier begraben.

Rosmini-Skulptur am Sacro Monte.

Antonio Rosmini stammte aus einer wohlhabenden Familie. Als ältester Sohn hätte er das väterliche Handelshaus weiterführen sollen. Gegen den Willen seines Vaters begann er 1816 an der Universität Padua mit dem Theologiestudium. Er wollte Priester werden. Laut seinem Biografen Michele Dossi war er von einer aussergewöhnlichen Intelligenz und hatte das Zeug zum Universalgelehrten. Er studierte Hebräisch und Sanskrit, befasste sich mit Chemie und Mathematik. Später lernte er Deutsch, um den Philosophen Immanuel Kant im Original lesen zu können. Gleichzeitig begnügte er sich mit einer einfachen Lebensweise. Das Familienvermögen setzte er für karitative Zwecke ein. Seine Schwester Margarita Rosmini, die ebenfalls in den Ordensstand eingetreten war, unterstützte ihn. Seine letzten Lebensjahre verbrachte er im Ordenshaus in Stresa. Er hinterliess ein umfangreiches literarisches Werk. Die in Mailand publizierte Gesamtausgabe seiner Schriften umfasst 30 Bände.

Auf den Spuren eines Partisanen

Omegna – Quarna Sotto – Strona

12

Alfonso Bialetti, Fausto Coppi, Monte Mazzucone: Auf dem Weg von Omegna ins Stronatal begegnet man nebst schönen Bergen und Tälern auch illustren Firmen und Personen. Dem Widerstandskämpfer Filippo Beltrami ist ein «Camino» gewidmet.

Omegna liegt am schmalen Nordufer des Ortasees. Die Kleinstadt hat eine grosse industrielle Tradition. Bekannte Hersteller von Haushaltsgeräten haben hier ihren Sitz. Alessi und Bialetti zählen dazu. Der Firmengründer Alfonso Bialetti (1888–1970) erfand in den 1930er-Jahren in Omegna die «Espressomaschine», die preisgünstige und heute noch weit verbreitete Pfanne, die es erstmals erlaubte, den starken Kaffee im Privathaushalt zuzubereiten. «In casa un espresso come al bar», ein Espresso zu Hause wie in der Bar, versprach die Werbung. Der «Moka Express» und das geschickte Marketing machten Bialetti nach dem Zweiten Weltkrieg zur weltweit grössten Kaffeemaschinenfabrik. Sie stellt die Geräte heute allerdings in Brescia her.

Stadt und Seeufer wirken mehr geschäftig als verträumt und malerisch. Eines der schöneren Gebäude ist das zentrale Rathaus mit seinen Kolonnaden, an dem die Route vorbeiführt, um sich dann am westlichen Seeufer gegen Süden zu wenden. Nach einer halben Stunde erreicht sie hinter einem Fabrikquartier von Bagnella den Eingang zum Parco della Fantasia und damit den eigentlichen Wanderweg. Zehn Minuten später steht man auf einem Vorhügel des Monte Zoli. Er gewährt den ersten Ausblick von oben auf den Ortasee sowie in das Relief der Berge, in das er eingebettet ist. Der Fantasiepark ist dem in Omegna geborenen Kinderbuchautor Gianni Rodari gewidmet. Die Anlage soll eine Bühne bieten, auf der die Kinder ihre Sprache bereichern können: gemäss der «Grammatik der Fantasie», die Rodari schuf. Der 1980 verstorbene Schriftsteller hoffte, mit der Kraft des Buches und der Wörter die Welt zu verändern. Er betrachtete es als höchstes Ziel, «die Kinder dieser Welt lächeln zu sehen».

Der Aufstieg nach Quarna
Also weiter im Text: zu den Laghetti di Nonio, zwei Stauseelein, die Wasser für das Elektrizitätswerk Brolo speichern und auch zum

Das Monument auf dem Mazzucone erinnert an alle in den Bergen Gefallenen.

Die Laghi di Nonio dienen als Fischteiche.

Sportfischen dienen (aber nicht zum Baden). Der Fischerverein betreibt im Clubhaus am Ufer die Osteria Rifugio del Pescatore, ein öffentliches Restaurant, das sehr gelobt wird. Nun folgt der reizvollste Abschnitt auf dem Weg nach Quarna. Auf den Steinplatten, die die Wasserleitung bedecken, kommt man flach und leicht zum *centralino elettrico,* das am idyllischen Torrente Fiumetta Strom produziert. Im Zickzack steigt man dann auf der anderen Talseite hinauf nach Quarna Sotto: auf einem saumpfadartigen Weg, einer Passstrasse für Fussgänger.

Quarna Sotto ist am Rand des Trichters gebaut, den der Dorfbach formte. Dominiert von der Kirche scheinen sich die Häuser am Hang wie Sonnenblumen dem Licht zuzuwenden. Es ist ein stattlicher Ort mit noch 400 Einwohnern (einst zählte er 1000). Trotz der kläffenden Hunde lohnt sich ein Abendspaziergang durch die engen Gassen und Fusswege, die zwischen Steinmauern, Sitzplätzen und Gärten mit Reben und Blumen angelegt sind. Beim anschliessenden Aperitif an der belebten Bar der Locanda della Posta kommt man ohne viel Federlesen mit den Bewohnern ins Gespräch. Sie sind stolz auf die Instrumentenfabrik. Diese trägt den Ruf von Quarna Sotto in die

Der zentrale Platz neben dem Gemeindehaus von Omegna.

Musikwelt hinaus. Hier werden die allerbesten Blasinstrumente hergestellt, die es gibt, und bis nach Amerika geliefert, beteuern alle. Vor allem die Saxophone sind begehrt. Chris Collins, Gerry Mulligan und weitere Berühmtheiten entlocken ihnen Töne. Sie haben Quarna besucht, um zu schauen, wie ihre Instrumente Form annehmen. Die Angestellten des Familienunternehmens Rampone & Cazzani fertigen die kostbaren Stücke von Hand an. Es sei das langsamste Atelier der Welt, meint die Turiner Zeitung La Stampa: «Es würde auch ohne Elektrizität funktionieren.» Als die beiden Instrumentenbauer Francesco Bonaventura Rampone und Egidio Forni Mitte des 19. Jahrhunderts das Unternehmen gründeten, beschäftigten sie viele Heimwerker, die in ihren Ateliers Instrumententeile aus einheimischem Holz drechselten. Für Flöten, Klarinetten oder Oboen.

Auf den Mazzucone

Unten neben dem Bach zieht eine schmucke Barockkirche, der Oratorio del Saliente, die Blicke auf sich. Der bescheidene Park in der Nähe hält das Andenken an den Radrennfahrer Fausto Coppi hoch. Die echten «Gümeler» von ganz Italien verehren den Weltmeister und fünffachen Giro-Sieger bis heute. Von seinem Ruhm schneidet sich auch Quarna eine Scheibe ab. Die Vorfahren von Coppi lebten hier, steht auf einer Tafel. Die Familie war allerdings schon seit fünf Generationen weggezogen, als der kleine Fausto 1919 zur Welt kam. Sein Urururgrossvater, der Schuhmacher Giovanni, war wie viele Quarneser in der ersten Hälfte des 18. Jahrhunderts in die Region Tortona ausgewandert. Der Name Coppi blieb ein in Quarna häufiges Geschlecht. Auf dem Denkmal gegenüber der Kirche ist zu lesen, dass zwei Soldaten dieses Namens im Ersten Weltkrieg fielen.

Beim Coppi-Park beginnt der Aufstieg auf den Mazzucone. Es ist ein vorbildlicher Weg, so eng markiert, dass man sich auf keinen Fall verläuft. Die orangen Farbtupfer wurden für den 120-Kilometer-Berglauf aufgesprayt, der die gleiche Strecke benutzt. Diese steigt an der Südflanke hoch, ist lauschig und abwechslungsreich. Zunächst spenden Kastanienbäume Schatten, dann verschwindet man unter dem Blattwerk der hellen Birken und Buchen. Das erfreut besonders im Herbst Herz und Sinne, wenn es oben bunt leuchtet, am Boden bei jedem Tritt raschelt und überall herb duftet. Beim Monte Saccarello erreicht man den Bergrücken, der zum Mazzucone hinaufführt. Jetzt ist auch der Blick frei ins tiefe Stronatal mit den Dörfern, über denen neue, kahle Gebirge aufragen, die weit oben eine scharf gezackte Silhouette in den blauen Nordhimmel sägen. Der Mazzucone (1424 m) ist rundlich und von alpinem Rasen bewachsen. Man erkennt ihn von Weitem am mehr soliden als eleganten Denkmal, auf dessen Steinsäule ein Bronzeadler segelt. Neben ihm schwingt die ausgefranste italienische Trikolore im milden Wind. Etwas später erreicht man den Co di Stobj, den Pass, der ins Stronatal führt.

Abstieg auf dem Sentiero Beltrami

Hier mündet auch der Sentiero Beltrami ein. Er erinnert an den einst in der Region tätigen Widerstandskämpfer Filippo Beltrami (1908–1944). Der «Herr der Rebellen» stammte aus einem liberalen, gutbürgerlichen Haus, war in Mailand Architekt, im Krieg Oberst, verachtete Mussolini, war klug und vertrat antifaschistische Ansichten.

Oben: Eine Schafherde im Morgenlicht beim Aufstieg zum Monte Cerano.
Unten: Das stattliche Dorf Quarna Sotto.

Herbststimmung auf dem Weg zum Co di Stobj.

Nach dem Einmarsch der Deutschen schloss er sich im September 1943 dem Widerstand an. Er wählte dazu die Region Omegna, aus der seine Familie kam. Bald war der Vater von drei Kindern Kommandant einer kleinen Einheit, des «Gruppo Quarna». Die Partisanen führten ein unstetes, gefährliches und nicht selten kurzes Leben in den Bergen: oft auf der Flucht und immer auf der Hut. Sie schliefen in Alphütten und biwakierten im Wald. Die Gruppe operierte zunächst von der Alpe Frera aus, später von den Alpi Camasca am Fuss des Mazzucone. Am Anfang besassen die Männer nur einen alten Vorderlader und zwei Pistolen. Bei Überfällen gelang es ihnen, gute Schuhe, Waffen und Munition zu erobern und mit diesen die Besatzer mit zahlreichen Aktionen zu ärgern und gegen sich aufzubringen.

Zweimal nahmen sie Omegna ein. Beltrami beabsichtigte, die Stadt zum Zentrum einer befreiten Zone zu machen. Nach dem Einmarsch von starken deutschen Verbänden mussten sich die Partisanen im Januar 1944 allerdings ganz aus dem verriegelten Val Strona zurückziehen. Mitten im Winter überschritten sie bei härtesten Bedingungen die Berge, um das Tocetal zu erreichen. Von den ursprünglich 300 Partisanen der «Brigata Patrioti Valstrona» gelang

Beim Aufstieg spenden Buchenwälder Schatten.

das nur rund 50 Leuten. Sie formierten sich bei Megolo in der Nähe von Pieve Vergonte unter dem Befehl von Beltrami neu. Bei einem letzten Nachtessen im Albergo del Ramo Secco (Restaurant zum dürren Zweig) schrieb der Capitano ein Spottlied, das so begann: «Un bel dì mi venne il fregolo/di fermarmi in quel di Megolo!» (Eines schönen Tages liess ich die Lust entfachen/Um in jenem Megolo Halt zu machen).

Am 13. Februar griff am frühen Morgen eine übermächtige deutsche Einheit an. Es kam zu einem stundenlangen heftigen Gefecht. Beltrami fiel, am Hals getroffen, zusammen mit zwölf Partisanen, die sich oberhalb von Megolo di Mezzo verschanzt hatten. Der jüngste war 17-jährig. «Hier sind wir bei uns zu Hause, wenn jemand gehen muss, dann seid ihr es!», soll Beltrami dem deutschen Kommandanten Ernst Simon am Tag zuvor beschieden haben, als dieser ihm in einer Unterredung freies Geleit angeboten hatte, wenn er den Widerstand aufgebe. «Filippo», so schrieb seine Frau Giuliana Gadola nach dem Krieg, «hat kaum ans Sterben gedacht, dazu hatte er keine Zeit.» Seine Partisanentruppe gilt als Vorbild für die Verbände, die im folgenden Herbst das Ossolagebiet vorübergehend

Am Rio Foglia bei Prà Rua am Abstieg zum Torrente Strona.

befreiten. Der Sentiero Beltrami startet in Cireggio bei Omegna, wo Beltrami geboren wurde, führt über den Co di Stobj ins Val Strona und dann von Campello Monti aus über den Colle dell'Usciolo nach Megolo di Mezzo (Wanderung 14). Die vorliegende Wanderroute folgt dem Sentiero Beltrami auf dem Abstieg vom Co di Stobj durch den Wald bis zur Alpe Foglia. Von da aus gibt es rechts des Rio Foglia eine bessere Alternative ins Tal. Sie erreicht den Ort Strona auf einem sehr reizvollen Fussweg, während die markierte Route via Fornero asphaltiert ist.

12 OMEGNA – QUARNA SOTTO – **STRONA**

Anreise/Start Zug ab Domodossola bis Omegna (Linie nach Novara)
Rückreise Bus ab Strona nach Omegna (VCO-Trasporti Linie 18, am Sonntag keine Verbindungen; vcotrasporti.it)
Karte Carta escursionistica 1:25'000 Nr. 16 (Val Strona)
Sehenswert Quarna Sotto: Heimat- und Blasinstrumentemuseum (Museo Etnografico e dello Strumento Musicale a Fiato, museodellequarne.it)
Charakter Leichte Wanderung. Am zweiten Tag kurze Felsenpassagen beim Aufstieg auf den Mazzucone.
Jahreszeit Mai bis Oktober (1. Etappe schon ab Mitte April)

1. ETAPPE OMEGNA – QUARNA SOTTO
Wanderzeit 3 Std. **Distanz** 9 km
Aufstieg 550 m **Abstieg** 50 m
Einkehren/Übernachten Laghetti di Nonio: Osteria Rifugio del Pescatore; Quarna Sotto: Locanda della Posta (Zentrum), Tel. +39 342 545 21 70; B&B Gugliemina, Via Agostino Rampone 11, Tel. +39 329 696 80 99
Route Vom Bahnhof (ca. 310 m) über die Treppe hinunter ans Seeufer. Diesem im Gegenuhrzeigersinn folgen bis Bagnella (ca. 20 Min.). Durch die Via Curotti und den Ortskern zur Chiesa di San Bernardino, rechts auf der Via Fiumetta über den Bach, nach der Fabrik rechts in die Via Erbera. Den Eingang zum Parco della Fantasia benutzen und aufsteigen. Abstieg kurz auf der Strasse. In der Rechtskurve geradeaus auf den steinigen Naturweg. Nach 400 Metern den linken Pfad wählen, Aufstieg Richtung Monte Cregno bis zum oberen flachen Weg (T00), auf diesem zu den Laghetti di Nonio (teils nicht eindeutig markiert). Hier auf der mit Platten bedeckten Wasserleitung auf der Nordseite flach weiter ins Tal zum Torrente Fiumetta. Aufstieg zum Laghetto di Quarna. Ca. 750 Meter auf dem Teersträsschen aufwärts, am Schluss links auf dem Pfad dem Bach entlang nach Quarna Sotto. Auf der

Ausblick vom Santuario del Saliente.

Treppe ins Ortszentrum (802 m). Quarna ist auch per Bus erreichbar (VCO-Trasporti Linie 7, Abfahrt in Omegna auf der Piazza Beltrami).

2. ETAPPE QUARNA SOTTO – STRONA
Wanderzeit 4½ Std.
Distanz 10½ km
Aufstieg 650 m **Abstieg** 930 m
Charakter Leichte Wanderung, kurze Felsenpassagen beim Aufstieg auf den Mazzucone.
Jahreszeit Mai bis Oktober
Route Über die Brücke im unteren Dorfteil und gleich geradeaus ins Wäldchen aufsteigen (beim Fausto-Coppi-Park). Bei den ersten Häusern links. Den orangen Markierungen des Berglaufs folgen: Alpe Maggio, Alpe Rusconi, Monte Saccarello, Monte Mazzucone (1424 m), Bocchetta della Luera, Co di Stobj. Abstieg durch den Wald bis oberhalb der Alpe Foglia. (!) Hier nicht dem Hauptweg folgen (asphaltiert), sondern beim Wegweiser am Waldrand 100 Meter Richtung Alpi della Selva, dann links auf den Pfad (auf der Karte nicht eingetragen, aber im Gelände markiert). Bei der Alpe Prà Rua links zum Bach hinunter. Diesem folgen, über den Steg und auf der rechten Talseite absteigen (es folgt ein zweiter Steg über den Seitenbach). Unterhalb der Alpe Pianella auf die linke Bachseite und auf dem Eisensteg über den Torrente Strona. Aufstieg über die Treppe zur Strasse und nach Strona (525 m). Bushalt vor dem Schulhaus.
Weiterwandern Kombinierbar mit Nr. 11, 13 und 14 (Bus ab Strona bis Forno).

Das Gefallenen-Denkmal in Quarna Sotto.

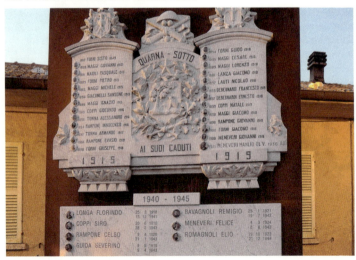

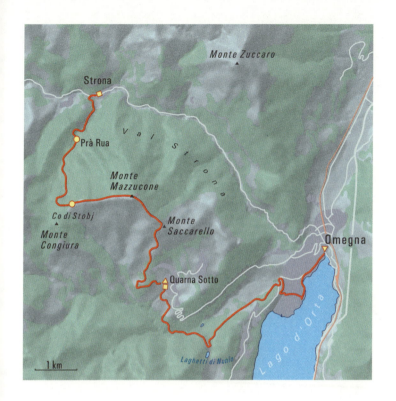

OMEGNA – STRONA | 199

ERINNERUNGEN AN DIE PARTISANENREPUBLIK

Die freie Partisanenrepublik des Ossola war eine kurze Episode während des Zweiten Weltkriegs. Aber sie wirkte lange nach. Die Ereignisse fanden in jenem dramatischen Herbst 1944 statt, als sich die Kriegsfront ganz in den Norden Italiens verschob. Im September 1943 hatte die deutsche Wehrmacht Rom und die nördliche Hälfte des Landes besetzt, während von Süden her die Alliierten gegen sie vorrückten. Jetzt erstarkte auch im Eschental die Resistenza, der bewaffnete Widerstand. Die Besatzer und die mit ihnen verbündeten faschistisch-italienischen Einheiten gingen äusserst hart gegen die aufflackernde Opposition vor. Im Sommer 1944 schritten sie zu einer erbarmungslosen «Säuberung» im schwer zugänglichen Val Grande, in das sich viele Partisanen zurückgezogen hatten.

Dennoch überlebte der Widerstand. Er fand in der Bevölkerung vorsichtigen Rückhalt. Nach einer Reihe erfolgreicher Aktionen zogen die Partisanen aus den Tälern in Richtung Domodossola und marschierten unter dem Jubel der Bewohner in der Stadt ein. Sie zwangen die lokale deutsche Führung am 9. September 1944 zur Kapitulation und sicherten ihren Gegnern freies Geleit zu. So begannen die «40 Tage der Freiheit». Schon am folgenden Tag gründeten die Partisanenverbände die Repubblica partigiana dell'Ossola mit einer zivilen Regierung, der Giunta provvisoria di governo. Das Staatsgebiet war 1600 Quadratkilometer gross und zählte 75000 Einwohner mit Domodossola als Hauptort. Es reichte von der Schweizer Grenze bis zum Lago di Mergozzo und umfasste die sieben Ossolatäler, Teile des Val Strona sowie das Valle Conobbina, das allerdings nur kurz befreit blieb. Am 9. Oktober begann die von Albert Kesselring, dem deutschen Oberbefehlshaber in Italien, befohlene und von der SS angeführte «Bandenbekämpfung». Die Widerstandskämpfer standen einer 20000 Mann starken Armee mit überlegenen Waffen gegenüber. Am 21. Oktober räumten sie ihre letzte Verteidigungslinie im Val Formazza.

Die Republik war militärisch von untergeordneter Bedeutung. Als Symbol für die Auflehnung gegen das Unrechtsregime und für den Willen, einen demokratischen Staat zu schaffen, lebte sie jedoch weiter. «Sie war ein wichtiges Präludium», steht im Reiseführer *L'Ossola e le sue Valli*. Die von Professor Ettore Tibaldi (1887–1968) geleitete «Giunta provvisoria» hielt unter schwieri-

Partisanen im Einsatz im Ossola.

gen Umständen demokratische, rechtsstaatliche und pluralistische Prinzipien hoch. Die Regierung, die im Rathaussaal von Domodossola tagte, druckte eine eigene Zeitung, Notgeld und Briefmarken, sie entwickelte Pläne für ein fortschrittliches Bildungssystem und reorganisierte die Polizei. Tibaldi wurde nach der Befreiung Italiens zum Vizepräsidenten des Senats in Rom gewählt. Allerdings sah sich die Republik auch mit Problemen konfrontiert. Es gab Spannungen unter den Beteiligten, die kommunistischen, sozialistischen und katholischen Gruppierungen angehörten. Ausserdem fehlte es an Lebensmitteln, Waffen und Geld.

Um überleben zu können, wäre die Republik auf alliierte Hilfe angewiesen gewesen. In der Hoffnung auf den Einsatz von Fallschirmjägern legten die Verantwortlichen zwei Flugplätze an, einen im Val Vigezzo, den anderen südlich von Domodossola. Die Alliierten begnügten sich mit zwei Versorgungsabwürfen am Monte Mottarone. Das Gebiet war strategisch zu unbedeutend, die Truppen wurden anderswo gebraucht. Auch die Lebensmittelhilfe aus dem Norden rollte nur langsam an: «Nach anfänglicher Zurückhaltung lieferte die Eidgenossenschaft täglich 20 Tonnen Kartoffeln – zu einem hohen Preis», heisst es auf der Webseite alpi-ticinesi.ch. Der erste Hilfszug traf am 22. September ein.

Die Republik Ossola war nicht die einzige freie Republik im besetzten Italien. Aber es war die grösste und jene mit der grössten Ausstrahlung. Sie profitierte von der Grenzlage zur Schweiz, die sie vor Angriffen aus dem Norden schützte. Als die Situation aussichtslos wurde, flohen lange Kolonnen von Zivilisten und Partisanen zu Fuss über die Pässe und mit der Bahn durch den Simplon und das Valle Vigezzo in die Schweiz. In den letzten zehn Tagen der Republik sollen laut neueren Quellen gut 35 000 Personen ihre Heimat vorübergehend verlassen haben. Zwischen 1943 und dem Kriegsende 1945 gelangten aus dem Eschental insgesamt rund 45 000 Personen in die Schweiz, darunter 30 000 Partisanen und Armeeangehörige, die sich dem Widerstand angeschlossen hatten, den Rest machten Zivilpersonen aus. Die Besatzer, die am 14. Oktober noch einmal in Domodossola einmarschierten, fanden eine fast leere Stadt vor. Besonders im Tessin begegnete man dem Experiment im Süden des Simplons mit Wohlwollen. Die Tessiner Behörden machten sich in Bern mit Erfolg gegen die Zurückweisung der Flüchtlinge stark. Die Schweiz anerkannte auch die Republik; diese ernannte in der Person von Cipriano Facchinetti einen Botschafter in Bern.

Die Giunta provvisoria di governo hielt ihre letzte Sitzung in der Nacht vom 15. auf den 16. Oktober in Ponte di Formazza ab. Danach setzten sich die Mitglieder in die Schweiz ab. Einzige Ausnahme war die Musikerin Gisella Floreani, die sich als Partisanin Amelia Valli nannte (die Partisanen tarnten ihre Identität mit einem Übernamen). Sie war die erste Frau, die in Italien ein Regierungsamt bekleidete. Mut und ein ausserordentliches Organisationstalent zeichneten sie aus. Nach einem langen Marsch über die Berge schloss sie sich im Dezember den «Garibaldini» im Valsesia an und setzte den Widerstandskampf bis im April 1945 fort. «Das ganze Tal bewahrte von ihr ein fast mythisches Andenken», steht in einem Nachruf der Stadt Domodossola.

Die Ereignisse des Zweiten Weltkriegs und die Resistenza haben im Eschental viele Geschichten geschrieben und Leben geprägt. In eine Episode war die Schweiz direkt verwickelt. Am 18. Oktober 1944, als Domodossola schon gefallen war, kam es beim Kurbad Bagni di Craveggia an der Landesgrenze zu einem Gefecht. Faschistische Truppen eröffneten das Feuer auf Partisanen und Zivilisten auf der Flucht in die Schweiz. Rund 500 Personen retteten sich nach Spruga im Onsernonetal. Der italienische Kommandant verlangte von den Schweizer Grenztruppen die Auslieferung der «Banditen» – lebendig, verletzt oder tot: bis spätestens am nächsten Morgen um sechs Uhr. Sonst werde er in Spruga einmarschieren. Das Schweizer Militär verstärkte noch in der Nacht die Stellungen und lehnte das Ultimatum ab. Die feindlichen Truppen gaben die Drohkulisse auf und zogen ab. Die 256 Partisanen blieben bis Kriegsende in Locarno interniert.

Die Republik, aber auch die grosszügige Aufnahme der Flüchtlinge im Nachbarland sind in Italien viel stärker in Erinnerung geblieben als in der Schweiz. Mehrere, meist nicht übersetzte Bücher haben das Thema aufgearbeitet. Eines davon trägt den Titel «Il paese del pane bianco. Testimonianze sull'ospitalità svizzera ai bambini della ‹repubblica› dell'Ossola» (Das Land des Weissbrots. Zeugnisse der Schweizer Gastfreundschaft gegenüber den Kindern der Republik Ossola). Der Historiker Paolo Bologna, der an der Universität Freiburg als Professor lehrte, lässt darin die Zeitzeugen einer Aktion des Schweizerischen Roten Kreuzes zu Wort kommen, das 2500 Kinder an Gastfamilien vermittelte, in denen sie zum ersten Mal weisses Brot zu essen bekamen.

Die Schweizer Flüchtlingspolitik im Zweiten Weltkrieg ist wegen der Zurückweisung vieler jüdischer Hilfesuchender kein Ruhmesblatt. Im Ossola blickt man hingegen mit Dankbarkeit auf die Aufnahme von Kindern und Erwachsenen, Partisanen und Zivilistinnen zurück. Diese Hilfsbereitschaft trägt bis heute zum guten Ruf der Schweiz bei. 2004, zum 60. Jahrestag der Partisanenrepublik, hat die Stadt Do-

Der Partisanenführer Filippo Beltrami und seine Frau Giuliana.

modossola beim Rathaus einen Stein eingeweiht: «Zum Gedenken an die brüderliche Hilfe, gewährt von Schweizer Freunden.» Auch am Bahnhof erinnert eine Tafel an die nachbarschaftliche Unterstützung. Die 2014 eröffnete «Casa 40» im historischen Zentrum ist Sitz des Istituto storico della Resistenza. Dieses will das Andenken an die Repubblica hochhalten und der jungen Generation weitergeben.

Abgelegen nach Ornavasso

Strona – Alpe Quaggione – Ornavasso

13

Vom Val Strona geht es über die 1904 m hohe Bocchetta nach Ornavasso, in das ehemalige Walserdorf im Tocetal. Eine lange Gratwanderung mit wunderbarer Aussicht bildet den Höhepunkt der Tour, die mit schönen Wegen glänzt.

Das Val Strona liegt südlich der Ossolatäler und etwas abseits des beliebten Ortasees, sodass es gerne vergessen geht. Aber es befindet sich in Reichweite der Schweiz. Man nimmt dazu in Domodossola den Zug nach Omegna, dann den Bus oder ein Taxi. Das Tal erstreckt sich von Omegna 19 Kilometer weit nach Westen bis zu den Ausläufern des Monta Rosa. Es gilt als eng, wild und schön. Den Engländer Reverend Samuel W. King, der es 1858 auf einer Italienreise besuchte, beeindruckten die reichen Laubwälder, die vielen üppigen Farne und die zahlreichen in der Sonne glänzenden Wasserfälle, «die aus allen Schluchten und Spalten sprühen».

Die Tour, die man in zwei oder in drei Etappen zurücklegen kann, beginnt in Strona und geht alsogleich hinauf nach Luzzogno. Das historisch erste ganzjährig bewohnte Dorf im Tal besass ab 1454 auch die erste eigene Pfarrei. Die Einheimischen machen gerne geltend, der Ortsname Luzzogno komme von Lux omnium. Er habe damit zu tun, dass die Sonne diesen begünstigten Flecken Erde während des ganzen Tags erreiche und beleuchte. Wie die Bauern der benachbarten Dörfer bewirtschafteten die Luzzognesi neben den Alpen ihre Ackerterrassen, auf denen sie Kartoffeln, Bohnen, Getreide, Trauben sowie Hanf anbauten. Im Winter stellten sie Werkzeuge und Baumaterial zunächst für den Eigenbedarf her, meistens aus Holz. Daraus entwickelte sich eine Handwerkertradition. Entlang des Torrente Strona fabrizierten im ganzen Tal Drechsler und Schreiner in Kleinbetrieben mit Wasserkraft und dem Geschick der Hände Löffel, Teller, Pfeffermühlen und Spielzeug, die sie als Nebenerwerb auf dem Markt in Omegna verkauften. Noch heute gibt es etliche holzverarbeitende Betriebe. Trotzdem war das Val Strona in mehreren Wellen von der Abwanderung betroffen. In Luzzogno ist immerhin der Circolo Operaio als Treffpunkt für die gut 200 Einwohner übriggeblieben. Über dem Dorf grüsst der San-

Abend über dem Mottarone von der Alpe Quaggione aus gesehen.

Trinkhilfe an einem Brunnen.

tuario Madonna della Coletta, eine Wallfahrtskirche aus dem 15. Jahrhundert.

Gleich darunter stösst man am Dorfbach auf die Vecchia Strada. Sie verband vor dem Bau der Talstrasse die Ortschaften, zunächst als Saumweg, dann als Naturträsschen, auf dem die frühen Touristen auf Eselskarren nach Forno holperten: «Es ist der beste Bergpfad, den wir je gesehen haben», lobte Reverend King. Nach 40 Minuten leichten Marsches kommt man nach Chesio mit der Kirche auf der linken und dem Glockenturm auf der rechten Strassenseite. Der Dorfname soll auf die Walser aus Ornavasso zurückgehen, die hier eine Alp besassen und Käse fabrizierten. Inmitten der einfachen Wohnhäuser verblüffen zwei städtische Villen, die mit Loggien, Pilastern und Freitreppen auftrumpfen. Sie zeugen vom Wohlstand der zurückgekehrten Emigranten. Auch einheimische Familien waren einst durch den Bergbau zu Vermögen gekommen. In der Miniera della Frera oberhalb der Alpe Loccia wurde bis vor 300 Jahren Eisen abgebaut. In anderen Adern im Val Strona gewann man Gold und Nickel; in Sambughetto war bis 1972 der Marmorsteinbruch in Betrieb. Das Tal hat unter Geologen den Ruf, ein offenes Buch der Erdgeschichte zu sein, da Schichten an die Oberfläche treten, die sonst tief in der Erdkruste stecken.

Über Chesio auf die Alpe Quaggione

Es empfiehlt sich, von Chesio den Umweg über die verlassene Alpe Costavaga unter die Füsse zu nehmen. Sie versteckt sich im Wald über dem tosenden Rio Bagnone, der weit oben am Monte Massone entspringt. So erreicht man Loreglia am oberen Rand und kann sich gleich auf den Aufstieg zur Alpe Quaggione begeben. Man be-

Der ponte storico oberhalb von Strona.

nutzt dazu die anmutige und höchst freundliche Fussverbindung, deren alte Platten und Stufen im Herbst unter einer Blätterschicht verborgen bleiben. Im Schritttempo ziehen Ställe, Buchen und Bildstöcke vorbei wie in einem Heimatfilm. Die Ferienhaussiedlung auf der Alpe Quaggione vertreibt die Tagträume. Etwas abseits der nicht ganz standorttypischen Chalets steht an der schönsten Stelle das Rifugio mit Blick auf den Langensee und den einsamen Kopf des Monte Orfano. Die Gipfelreihen verlieren sich im Dunst des Vorabends. Gleich vis-à-vis präsentiert der Mottarone seine breite Westfassade. Die von Gräben und Abbrüchen zerfurchten rohen Wände bilden einen fast schmerzhaften Kontrast zur darunterliegenden zersiedelten Ebene. Der Rifugio-Wirt war früher ein leidenschaftlicher Alpinist. Die Felsen und Gletscher des Monte Rosa waren seine Passion, bis das kranke Herz ihn zwang, auf Seil und Pickel zu verzichten, was ihm schwergefallen sein muss. Der Psychiater riet ihm, alles zu verbannen, was an das frühere Leben erinnert. Daran hält er sich. Im Rifugio, das er für den Neuanfang gekauft hat, sind Bergbilder tabu. Den Speisesaal berieseln italienische Evergreens: «Che fretta c'era, maledetta primavera» trällert Loretta Goggi, während die Gäste sich wortkarg am üppigen Menu erfreuen, an der kalten Platte, den hausgemachten Ravioli mit Kürbisfüllung und weiteren Köstlichkeiten.

Der grandiose Blick auf die Lepontischen Alpen begleitet einen auch am nächsten Tag. Der Pfad schwingt sich bald auf den baumlosen Kamm zwischen dem Val Strona und dem Tocetal. Es ist eine steile, herbe und anmutig modellierte Steppenlandschaft, deren Gras im September rostbraun leuchtet, wenn mit Flinten bewaffnete Jäger nach Rebhühnern und Fasanen Ausschau halten. Wie auf den Sprossen einer Himmelsleiter erobert man immer höhere Zwischengipfel, die mit Kreuzen und Gedenksteinen ausgestattet sind – Monte Cerano und Poggio Croce heissen jene, die einen Namen tragen. Auf 1904 m ü. M. wartet der Pass La Bocchetta. Von ihm aus kann man den Schlussaufstieg zum Monte Massone (2161 m) und zum Eyehorn (2131 m) wagen, die wegen des Panoramas mit Sicht auf den Monte Rosa beliebt sind. Der Abstecher dauert knapp zwei Stunden, inklusive Gipfelerlebnis. Wird es später als gedacht, kann man im Rifugio Brusa Perona bei Cortevecchio übernachten. Zu dieser hohen Alp – ein kleines Dorf aus umgebauten Alpgebäuden – leitet vom Pass aus ein Saumweg durch das Einzugsgebiet des Torrente Stagalo. Überwachsen von struppigen Grasbüscheln, umflort von Alpenrosen und geschmückt mit den gelben Klecksen der Flechten windet sich die fest gefügte Steinreihe talwärts. Der schwindelerregende Adlerblick fällt dabei auf das fast 1700 Meter tiefer liegende Ornavasso, das Ziel der Tour.

Die Walser von Urnafasch

Eyehorn: Der deutsche Bergname tief in Italien erinnert an die Zeit, als Walser die Gegend bevölkerten. Der Name Ornavasso geht jedoch nicht auf «Ort am Wasser» zurück, wie manche zu wissen glauben. Er ist wahrscheinlich keltischen Ursprungs und älter als die erste Besiedlung durch die Leute aus dem Rhonetal, die um 1275 einsetzte. Laut einer romantischen Legende waren zwölf frischvermählte Paare

Oben: Kreuz auf dem Monte Cerano mit Blick nach Süden auf den Ortasee.
Unten: Die vom Laub bedeckte Mulattiera oberhalb von Loreglia.

aus Naters die ersten Kolonisten. Sie hatten in ihrer Heimat den Feudalherrn gemeinsam ins Jenseits befördert, nachdem dieser bei den Bräuten das Recht der ersten Nacht (Ius primae noctis) eingefordert hatte, und waren dann über den Simplon geflohen. Die Historiker gehen davon aus, dass die Adelsfamilie der von Urnavas, die beidseits des Simplons Ländereien besass, die Walser als Untertanen ins Land holte.

Die Walser von Ornavasso gelten als eine «Anomalie der Geschichte». Sie gründeten am Unterlauf des Toce die einzige Walsersiedlung unterhalb von 1000 m ü. M. Von der wohl ersten Niederlassung Casalecchio aus erschlossen sie im Verlauf der Jahrhunderte die ganze Zone oberhalb des Talbodens, die am Ende rund 40 Alpen mit 500 Gebäuden zählte: Wohnhäuser, Ställe, Heustöcke, Hirtenunterstände, Keller für Butter und Käse. Als geschickte Kolonisten passten sie sich den örtlichen Verhältnissen an. Sie errichteten die Gebäude aus Stein und lernten die Vorzüge der Kastanie kennen, weil es in dieser Höhe an Tannenholz fehlte. Auf den tiefer liegenden Terrassen zogen sie Reben und Weizen statt Roggen und Kartoffeln. Bald waren sie auch im Bergbau tätig. Aus dem Nebel der Geschichte und der Legenden tauchen sie erstmals 1392 auf, als ein Dokument aus Mailand sie erwähnt. Es empfiehlt, den Marmor für den Dombau bei den *teutonicis de Ornavaxio* zu beziehen, denn diese Teutonen lieferten günstig und in guter Qualität.

Ornavasso lag an der frequentierten Durchgangsstrasse zwischen den oberitalienischen Metropolen und den Alpenpässen. Die deutsche Sprache verblasste hier früher als in den isolierteren Walserorten. Der Historiker Renzo Mortarotti vermutet, die letzten Spuren seien um 1850 aus dem Alltag verschwunden. Die Walser hatten sich zuvor lange für ihre Eigenständigkeit und die Kultur eingesetzt. So intervenierten sie mehrmals beim Bischof von Novara, damit dieser einen Priester schicke, der Deutsch beherrsche. Geblieben sind ihre Ortsnamen, auf die man beim Abstieg trifft. Sie bezeugen die verschwundene Siedlungstätigkeit, so wie Findlinge die Arbeit von geschmolzenen Gletschern belegen. Auf der südlichen Route weist das noch gebräuchliche Toponym «Trenghi» auf eine ehemalige Viehtränke hin. Sie sprudelte in der Nähe der Alpe Vooscht, was Unkraut bedeutet. Man erreicht sodann Grabo – wo einst der Friedhof war –

Ziegenhirten führen ihre Herde ins Tal.

und via die Alpe Bodahirmi die Wallfahrtskirche Madonna del Boden. Als Hirmi bezeichneten die Walser eine Raststelle. In Ornavasso selber gibt es heute noch eine «Via delle Gasse» und den Ortsteil «Dorf». Der Comune di Ornavasso nennt sich ganz offiziell auch «Gemeinde Urnafasch».

Die militärische Mulattiera

Wählt man den längeren, nördlichen Abstieg, geht man nach dem «Kappalti» (kleine Kapelle) über den Pacusboda und die Alpe Barumboda. Diese Variante benutzt in der unteren Hälfte die im Ersten Weltkrieg von der Armee erstellte Mulattiera. In unzähligen kunstfertig gepflasterten und durch solide, exakte Trockenmauern getragenen engen Kurven führt sie über 750 Höhenmeter im Zickzack hinunter zur Punta di Migiandone. Das faszinierende Werk diente zum Bau und zur Versorgung eines kleinen Abschnitts der «Linea Cadorna»: in einer Zeit, als für den Materialtransport in den Bergen noch Pferde und Maultiere zum Einsatz kamen. Die Verteidigungslinie, die sich vom Grossen Sankt Bernhard bis ins Veltlin erstreckte, sollte Italien vor einem Angriff aus der Schweiz schüt-

Der letzte Abstieg nach Ornavasso geht über einen Kreuzweg.

zen. Die Generäle befürchteten einen Durchmarsch von deutschen oder österreichischen Truppen durch die Eidgenossenschaft, deren Neutralität sie misstrauten. Die Linea Cadorna bestand aus Stellungen mit Artilleriekanonen, Schützengräben, Barackenlagern, Munitionsdepots sowie den Zufahrtswegen, darunter 400 Kilometer Saumpfade. Am Bau der Mulattiera von Ornavasso schufteten Frauen und Jugendliche als Lastenträger gegen Bezahlung mit; die Männer waren anderweitig an der Front beschäftigt. «Die Linie wurde nicht benützt, war aber nicht nutzlos», meinte später General Luigi Cadorna, nach dem der Schutzwall benannt ist. Tatsächlich: Im Zweiten Weltkrieg versteckten sich dann die Partisanen in den Anlagen, von denen aus sie die deutschen Besatzer und die mit ihnen kollaborierende faschistisch-italienische Armee zu vertreiben versuchten.

13 STRONA – ALPE QUAGGIONE – ORNAVASSO

Anreise/Start Zug ab Domodossola bis Omegna (Linie nach Novara). Bus oder Taxi nach Strona (VCO-Trasporti Linie 18, am Sonntag keine Verbindungen, vcotrasporti.it, Abfahrt auf der Piazza Beltrami, 15 Min. vom Bahnhof).
Rückreise Zug oder Bus (mehrere Linien, Abfahrt vor dem Bahnhof) ab Ornavasso nach Domodossola.
Jahreszeit Mai/Juni bis Oktober
Karte Carta escursionistica 1:25'000 Nr. 16 (Val Strona)
Charakter 1. Etappe leichte Wanderung, 2. Etappe mittelschwere Wanderung. Kurze ausgesetzte Stellen bei der Abstiegsvariante via Trenghi.
Einkehren/Übernachten Alpe Quaggione: Rifugio Alpe Quaggione (locanda-alpequaggione.it); Cortevecchio: Rifugio Brusa Perona (caigravellona.it); Ornavasso: Antica Trattoria del Boden, bei der Madonna del Boden oberhalb von Ornavasso (trattoriaboden.it)

1. ETAPPE STRONA – ALPE QUAGGIONE
Wanderzeit 3¼ Std. **Distanz** 9½ km
Aufstieg 760 m **Abstieg** 140 m
Route Am unteren Dorfeingang von Strona (525 m) das Strässchen Richtung Cascine Monde aufsteigen (Bus hält hier auf Verlangen). Der Wanderweg beginnt hinter der Häusergruppe, führt in den Wald zum Bach, diesen vor dem «Ponte storico» überqueren und nach Luzzogno aufsteigen. (Für Abenteuerlustige gibt es einen knapp sichtbaren direkten Pfad auf der rechten Seite des Bachs. Er umgeht Luzzogno. Am Ende rechts über die Matte und auf kurzer Treppe auf das Strässchen Luzzogno–Chesio). Durch das langgezogene Dorf, am Ende rechts auf das Natursträsschen, das flach nach Chesio führt (Z00, «Vecchia Strada»). In der Ortsmitte links aufsteigend auf dem Weg Richtung Alpe Loccia. Nach 250 Metern rechts abzweigen, über den Rio Bagnone und via Alpe Costavaga bis zu den Häusern oberhalb von Loreglia. Aufstieg auf schönem Weg via die Alpe Rulacc zur Alpe Ceresa (Z02), rechts auf das Strässchen, nach der Einmündung in die grössere Strasse die Kurve über die Wiese schneiden und zum Rifugio Alpe Quaggione hoch (1145 m).

2. ETAPPE ALPE QUAGGIONE–ORNAVASSO
Wanderzeit 7 Std. **Distanz** 18 km
Aufstieg 760 m **Abstieg** 1690 m
Route Vom Rifugio direkt zur Kirche Madonna della Neve, links auf das Strässchen, dann auf dem Pfad um den Aussichtsberg (1228 m) herum auf den Weg, der rechts am Monte Zuccaro vorbeiführt (Z02). Aufstieg via Monte Cerano, Poggio Croce und Bocchetta di Bagnone zum Pass La Bocchetta (1904 m). Abstieg zum Rifugio Brusa Perona

(A25). Von hier aus zwei Abstiegsvarianten:
Variante 1 (südlich, direkter) Nach dem Rifugio rechts über die Matte. Vor dem Spielplatz in den Wald. Abstieg, dann auf flachem Teilstück über den Bach. Kurz vor der Einmündung in die Alpstrasse von (meist asphaltierter) A25 abweichen und rechts absteigen. Der Wanderweg ist mit roten Plastikpfeilen markiert. Vorbei am Faggio secolare (riesige alte Buche) nach Trenghi. Auf diesem Abschnitt gibt es zwei kurze ausgesetzte, mit Ketten gesicherte Stellen. Nun wird der Weg breiter. Für den weiteren Abstieg zunächst den Schildern «Verticale» folgen. Nach dem kleinen Holzkreuz mit sitzender Madonna dem Strässchen folgen, über den Rio Miahin und zu den ersten Häusern von Grabo. Rechts weiter auf dem Naturweg zur Madonna del Boden absteigen (A25). Auf dem Kreuzweg zur Pfarrkirche von Ornavasso (A13).

Militärweg oberhalb von Ornavasso.

Auf der Strasse abwärts, über die Brücke. Durch die Via Visconti und die Via A. Oliva zur Hauptstrasse, links zum Bahnhof (215 m).

Variante 2 (nördlich) Oberhalb der Häuser von Cortevecchio links auf den markierten Pfad. Er mündet in ein Strässchen, dieses in der Haarnadelkurve geradeaus verlassen zur Cappella il buon Pastore (A21). Steiler Abstieg zuerst ostwärts, dann flacher nach Norden durch den Wald bis zur Capanna Legnano. Bei der Druckleitung nordwärts weiter zunächst flach auf spärlich markiertem Waldpfad, dann in Kehren via Pacusboda zur Alpe Barumboda. Beginn der militärischen Mulattiera. Abstieg im Zickzack bis auf die Naturstrasse oberhalb von Punta di Migiandone. Dieser südwärts flach zur Grotta Cava del Marmo folgen (ehemaliger Untertagebau von Marmor). Die Strasse gleich links verlassen, auf dem Weg mit grünem Teppich zum Santuario della Guardia. Unterhalb der Strasse auf den breiten Fussweg, der in den Kreuzweg mündet. Abstieg zur Pfarrkirche von Ornavasso und weiter wie Variante 1 (ca. ¾ Std. und 2,5 km länger als Variante 1).
Hinweis Die Etappe ist unterteilbar mit Übernachtung im Rifugio Brusa Perona.
Weiterwandern Die beiden Abstiegsvarianten zu einer Rundwanderung zusammensetzen, mit Aufstieg auf den Monte Massone (2161 m) und Übernachtung im Rifugio Brusa Perona. Kombinierbar mit Nr. 12.

STRONA – ORNAVASSO | 215

VOM AUFTAUCHEN UND VERSCHWINDEN DER WALSER

Im 13. Jahrhundert begann, was man heute die Walserwanderung nennt. Dreihundert Jahre nachdem die alemannische Volksgruppe das Oberwallis besiedelt hatte, verliessen einzelne Familien ihre Heimat wieder. Als Hauptursache galt lange der Bevölkerungsdruck, der die Bewohner des oberen Rhonetals zur Emigration zwang. Die neuere Forschung gewichtet ein zweites Motiv stärker. Die Walser verstanden es, mit ihren Techniken hoch gelegene Bergregionen zu bewirtschaften und neue Gebiete urbar zu machen. Sie waren deshalb vielerorts willkommene Untertanen. So wirkte neben dem Auswanderungsdruck auch der Einwanderungssog. «Das kleine Bergvolk der Walser hat die gewagteste mittelalterliche Besiedlung der Alpen in die Wege geleitet und die höchstgelegenen Dörfer in Europa gegründet», schreibt der Historiker Enrico Rizzi.

Besonders Territorialherren und Klöster mit Grundbesitz beidseits des Alpenkamms begünstigten die Ansiedlung, um ihre Hoheitsrechte abzusichern und ihre Einnahmen zu vergrössern. Mit zu ihnen zählte Jocellino von Urnavas (Ornavasso), der in Naters Herrschaftsrechte besass. Diese Herren lockten die Walser an, indem sie sie zunächst von Steuern befreiten und ihnen manchmal besondere Rechte gewährten. Die kolonisatorische Leistung der Walser bestand laut dem Historischen Lexikon der Schweiz «in der Rodung, Besiedlung und Bewirtschaftung hoch gelegener, niederschlagsreicher Gebirgslagen», wobei sie sich hauptsächlich auf die Viehwirtschaft konzentrierten. Der Historiker Florian Hitz bezeichnet die Siedlungstätigkeit der Walser als «Teil der Binnenkolonisation des Alpengebiets im Mittelalter».

Insgesamt gründeten sie 150 Siedlungen im zentralen Teil des Alpenbogens: von Savoyen bis nach Österreich und Bayern, wobei die Kolonisten südlich des Alpenhauptkamms als «Südwalser» bezeichnet werden. Sie liessen sich auch im Eschental nieder, das vom Oberwallis her im Mittelalter über relativ leicht begehbare Pässe erreichbar war. Zu den ersten und wichtigsten Siedlungsgebieten gehörten das Val Formazza (auf Walliserdeutsch Pomatt) und Macugnaga (Z' Maggana) im Anzascatal. Von Macugnaga aus zogen die Siedler in die Täler des oberen Valsesia weiter: nach Alagna (Im Land), Rima (Arimmu), Rimella (Remmalju), Riva (Rifu) sowie in Campello Monti (Kampel) im benachbarten Val Strona. Die Pomatter besiedelten im Valle Antigorio die Weiler Salècchio (Saley), Ausone (Ogschtu) und Agaro (Ager).

Auch im Haupttal des Toce existierten zwei Walserorte: Ornavasso (Urnafasch) und Migiandone. Die beiden benachbarten Dörfer liegen unten im Tal, aber die Walser waren auch an diesem Standort in schwierigem Gelände tätig. Das bezeugen die Namen der Alpen oberhalb von Ornavasso, die noch auf der italienischen Wanderkarte eingetragen sind. Es sind Überbleibsel von einst Hunderten deutscher Toponyme. Der Linguist und Volkskundler Paul Zinsli hat sie Anfang der 1970er-Jahre erfasst und erläutert. In den anderen Walsergebieten haben ebenfalls alemannische Ortsnamen überlebt. Den Pass zwischen Campello Monti und Rimella bezeichnet die Karte als Kihefurku/Bocchetta delle Vacche. Er liegt neben der Cima Altemberg. Unterhalb der Cima del Cavallo bei Rimella gibt es die Alpe Kavalmatto. Der Passo del Muretto / Zum Miirli, der Ager mit Saley verbindet, führt zwischen dem Rossfurggelti und dem Tupperhore durch, bzw. zwischen dem Pizzo dei Cavalli und dem Pizzo Topera.

Die zweisprachigen Toponyme illustrieren, wie die deutsche und italienische Sprache nebeneinander existierten und sich beeinflussten. Die Walser passten sich auch in anderen Bereichen den

Walserinnen im Pomatt.

örtlichen Verhältnissen an, zum Beispiel im Hausbau, der als typisches Merkmal ihrer Präsenz gilt. Zwar nahmen die Auswanderer die Techniken aus dem Oberwallis mit und verwendeten als Material oft Holz. Sie brachten die Konstruktionsart der Speicher auf Pfosten samt Antimäuseplatten ins Pomatt und nach Macugnaga, wo sie heute noch zu sehen sind. Die Kolonisten gingen aber pragmatisch ans Werk. Sie waren offen für Einflüsse aus der Nachbarschaft. Wo das Holz fehlte, errichteten sie Gebäude aus Stein. Der Bauernhausforscher Jean-Pierre Anderegg spricht von einem «faszinierenden Reichtum an Haustypen». Die Gemeinschaften hätten «lokale Eigenheiten im Baustil, im Brauchtum, in der Sachkultur und in der Arbeitstechnik» entwickelt, fasst das Historische Lexikon zusammen.

In den abgeschiedenen Tälern haben die Walser lange eine eigene Identität und insbesondere die Sprache bewahrt. «Die Häuser sind nach deutscher Art mit Brettern gebaut, sie sprechen Deutsch und kleiden sich auf deutsche Weise, und ich habe gehört, wie der Priester in der Messe ihnen viele Dinge auf Deutsch vortrug.» So beschrieb Giovanni de Annono 1553 dem Mailänder Senat die Verhältnisse in Macugnaga, das er als Emissär inspiziert hatte. Sein Bericht betont die engen Bande zwischen den Bewohnern von Macugnaga und jenen des Saastals. So blieben diese Sprachinseln über Jahrhunderte bestehen. Dreihundert Jahre später, 1858, konstatierte auch der englische Reisende Samuel W. King, dass im oberen Anzascatal fast ausschliesslich Deutsch gesprochen werde, viele Frauen beherrschten nur diese Sprache. Eine Ausnahme sei das Bergbaugebiet von Pestarena, wo ein Gemisch vorherrsche, da viele Arbeiter aus italienischen Provinzen eingewandert seien.

Die Walser pflegten intensiven Kontakt zur alten Heimat. Sie heirateten über die Grenze und nahmen an Wallfahrten teil. Die Pomatter gingen noch um 1900 lieber über den Griesspass ins Goms zum Arzt als ins «Wälschland». Auch die weiter von der Grenze entfernten Ornavasser pilgerten bis im 19. Jahrhundert zum Marienheiligtum nach Glis. «Sie haben vor alters jeden todten nach Glys zum begräbnis gebracht und zahlten noch kirchensteuer dahin», hielt der deutsche Linguist Albert Schott 1842 fest. Laut dem italienischen Historiker Renzo Mortarotti, der 1979 ein Standardwerk über die Walser im Eschental verfasste (I Walser nella Val d'Ossola), begannen sich die Beziehungen zwischen den Kolonien und dem Stammland in der Zeit des Nationalismus und der Nationalstaaten in der zweiten Hälfte des 19. Jahrhunderts aufzulösen. Der Erste Weltkrieg und die Machtergreifung durch Mussolini im Jahr 1922 habe dann eine endgültige Zäsur bedeutet: «Einst war die Grenze ein Ort der Begegnung, jetzt wurde sie zu einem Trennwall; als solcher prägte er sich den Jungen ein. Mit Staunen hörten sie den Alten zu, wenn sie über die Vorkriegszeit erzählten, als die Bewohner von Macugnaga und Saas sich regelmässig wie gute Brüder besuchten.»

Im 20. Jahrhundert kam das Walserdeutsch, das während 700 Jahren meist nur mündlich überliefert worden war, stärker unter Druck. Die Mobilität, die Abwanderung, der Tourismus, die Schule, in denen die Kinder auf Italienisch unterrichtet wurden, und die Medien trugen dazu bei, dass die Sprachinseln kleiner wurden. Immer weniger Leute benötigten, verstanden und sprachen den Dialekt, in dem sich Merkmale des Althochdeutschen quasi ungefiltert in die Moderne gerettet hatten. Heute ist das Walserdeutsche aus dem Alltagsgebrauch fast verschwunden. Im Pomatt verwenden nur die älteren der rund 400 Einwohner die Sprache ihrer Vorfahren. «Es geht nicht mehr lange und das Pomatterdeutsch stirbt aus», prognostizierte 2017 die Dichterin und ehemalige Lehrerin Anna Maria Bacher aus Gurfelen (Grovella). Sie hat sich mit Gedichten einen Namen gemacht, in denen sie dem klangvollen Dialekt gekonnt ein Denkmal setzt. Die Sprache der Walser zeichnet sich dabei durch feine lokale Unterschiede aus. Für das Verb «sprechen» zum Beispiel war in Rimella *«schpallu»* gebräuchlich, während man im Pomatt *«zellu»* sagte.

1968 schrieb Paul Zinsli, es sei vor allem die gemeinsame Sprache, welche «diese in der Zerstreuung lebenden Menschen noch immer über Täler und Grate hinweg zu verbinden vermag». Mit seinem Buch *Walser Volkstum* brachte er Geschichte und Kultur ins Bewusstsein eines breiten Publikums. Dieses Wissen um die gemeinsame Vergangenheit war in Vergessenheit geraten. Für den Naturforscher Horace Bénédict de Saussure war die Herkunft dieser Menschen um 1790 «völlig unklar», wie er über die *villages allemands* notierte, die am Monte Rosa inmitten von französischen und italienischen Tälern existierten: «Die wahrscheinlichste Meinung ist, dass es sich um Oberwalliser handelt.» Inzwischen gibt es ein modernes Walserbewusstsein. Dutzende von Büchern und Filmen dokumentieren Geschichte, Bräuche und Sprache. Es gibt Walserwege, Walser-Skimeisterschaften, Golfturniere, Messen und alle drei Jahre ein Treffen der Internationalen Vereinigung für Walsertum. Die Walser sind zu einer «Marke» geworden. Lokale Gruppen helfen auch im Piemont mit, die Eigenheiten zu erhalten, zu dokumentieren und die Zusammengehörigkeit zu pflegen.

Walserhäuser in Saley.

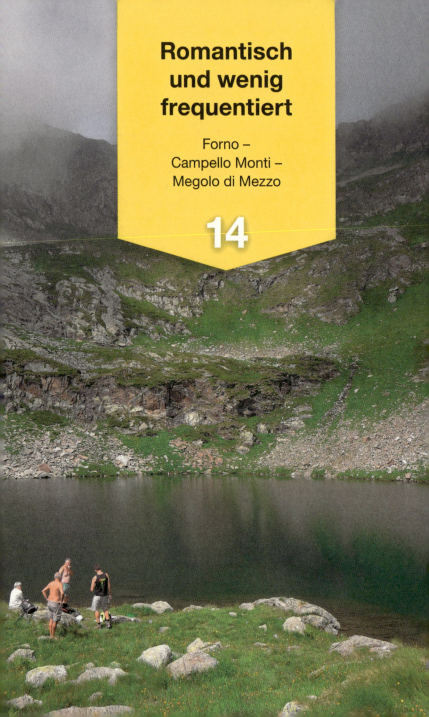

Romantisch und wenig frequentiert

Forno –
Campello Monti –
Megolo di Mezzo

14

Der Engländer Samuel W. King unternahm in den 1850er-Jahren eine Reise in «alle romantischen und weniger frequentierten Täler des nördlichen Piemonts». So kam er auch ins Val Strona und in den Walserort Campello Monti. Es ist ein bemerkenswertes, zähes und anmutiges Alpendorf.

Das Stronatal oberhalb von Forno sei eine der schönsten Herbstkulissen, die man sich ausmalen könne *(one of the most beautiful autumn scenes that imagination could picture)*: So begeistert beschrieb Samuel W. King 1858 die Gegend. Den herbstlichen Zauber gibt es heute noch. Die Blätter der Laubbäume, besonders der vielen Buchen, leuchten in der Septembersonne jeweils goldgelb und orangerot, bevor sie der Wintersturm davonbläst. Die kräftigen Stämme durften bereits früher nur nach genauen Vorgaben gefällt werden. Sie schützen die Siedlungen vor Lawinen, die im oberen Val Strona eine grosse Gefahr darstellen. Der Abt Goffredo Casalis erwähnt in seinem in der ersten Hälfte des 19. Jahrhunderts veröffentlichten *Dizionario geografico, storico, statistico, commerciale* die «enormen Lawinen, die oft von den umliegenden Bergen herabstürzen». Ausserordentlich streng war der Winter 1888, als innert eines Tages zwei Meter Schnee fielen. Eine Votivtafel in der Kirche von Forno illustriert dieses Ereignis in naiv-frommer Weise. Die Kirche besitzt eine Sammlung religiöser Volkskunst aus den Oratorien des Tals. Viele Stücke stammen von Emigranten, die nie «heimkehrten ohne eine kostbare Erinnerung für ihre Kirchen», wird erklärt.

Die Auswanderung prägte die Gegend seit dem 15. Jahrhundert. Oft suchten schon Knaben im Alter von zwölf Jahren ihr Glück als Zinngiesser oder Schreiner in Deutschland, Böhmen, Preussen, Holland und später auch in Amerika, wie ein anderes Exvoto belegt, das sich bei der zuständigen Heiligen für die wundersame Rettung von schiffbrüchigen Emigranten bedankt. Weder Glück noch Beistand hatten die neun Partisanen, die am 25. März 1945 durch ein faschistisches Kommando vor der Kirche exekutiert wurden. Unter ihnen zwei Ärzte, die in Forno ein klandestines Lazarett betrieben hatten. Ein Wandgemälde erinnert an das Geschehen kurz vor dem Ende des Zweiten Weltkriegs.

Am Lago di Capezzone zuhinterst im Stronatal.

Das aussergewöhnliche Alpendorf

Von Forno aus erreicht man in anderthalb Fussstunden Campello Monti auf einem Weg, der in der Nähe des Torrente Strona bleibt. Es ist die *Stra' Vègia,* die alte Strasse, die auch King benutzte. Gleich am Anfang führt eine mittelalterliche Brücke ans andere Ufer. Etwas weiter oben hat der Wildbach eine Schlucht gegraben. Ein Wasserfall erfreut das Auge. Im Felsenbett gibt es runde Becken zum Baden. Der Name Strona soll keltischen Ursprungs sein: ein lautmalerisches Wort für das Rauschen des Wassers. Nach einem letzten Aufstieg zeigt sich auf einmal Campello Monti. Es liegt ganz hinten im Tal am Zusammenfluss des Rio Chigno mit der Strona und ist eines der schönsten Alpendörfer. Auf drei Seiten des Kessels geht es steil aufwärts, am steilsten zum Monte Prevor, an dessen Fuss Campello gebaut ist und der eigentlich nur ein Vorberg zu noch höheren Spitzen ist. Die höchste ist die Cima Capezzone (2421 m). Sie ist weit oben knapp zu erkennen unter den Wolken, die die Abendsonne beleuchtet. In Campello ist sie schon untergegangen. Auf 1300 m ü. M. und im Schatten der Berge macht sich die Abendkühle früh bemerkbar.

Trotz der ausgesetzten Lage wirkt das Dorf alles andere als bedrückt. Die rosa, gelb und blau angestrichenen mehrstöckigen Häuser machen einen freundlichen Eindruck. Sie stehen eng übereinander wie in einer Arena. Ihre Walmdächer sind mit Steinplatten gedeckt, die Fassaden mit Fresken und Wappen verziert. Dazwischen hat es Platz für Terrassen, Gärten, Geranien, Farn, Efeu und Brunnen mit dicken Rohren, aus denen viel Wasser schiesst. Im unteren Teil befindet sich die alte Schule mit der ehemaligen Lehrerwohnung, die nun das Rifugio für Wandersleute beherbergt. Die Strasse endet beim Wirtshaus, von hier aus führt ein schmaler Steg über die Strona in den Ortskern. Campello ist nur noch im Sommer bewohnt. Den westlichen Rand dominiert die Barockkirche. Zwei Emigranten, die in Deutschland zu Wohlstand gekommen waren, finanzierten den Aufbau des Turms. Auch die Wohnhäuser sind das Werk von Emigranten. «Nach einem arbeitsreichen Leben kehrten sie an den Ort ihrer Kindheit zurück, wo sie sich mit den Ersparnissen repräsentative, geräumige und bequeme Villen bauten», schrieb 1863 ein Lokalchronist. Während der Abwesenheit der

Die farbigen Häuser von Campello Monti.

Männer, die auch Saisonstellen annahmen, kümmerten sich die Frauen um Haus, Kinder und Vieh. Gemäss Casalis waren sie von kräftiger Statur und sehr arbeitsam: «Sie begeben sich auf den sieben Meilen entfernten Markt von Omegna, um die Butter und den Käse zu verkaufen, die sie auf den eigenen Schultern tragen.» Die Frauen schleppten auch das Nickel nach Forno, das die Bergleute in der Mine oberhalb von Campello zutage förderten – bis 1937 die Fahrstrasse eröffnet wurde.

Der Kirchenplatz ist mit Steinplatten ungleicher Grösse besetzt, was ihn sehr lebendig macht. Die Platten, die für Böden und Dächer Verwendung fanden, wurden seinerzeit in der *piotina* gewonnen, dem Steinbruch hoch oben am Berg. Im Winter wurden sie auf Schlitten zu Tal befördert, weil das einfacher ging, erklärt ein Rentner. Er verbringt die Sommerzeit im Elternhaus und findet sich am Abend gerne zu einem Schwatz ein. Vielleicht erinnert ihn das an die Kindheit und den Betrieb, der damals im Dorf herrschte. Im Winter, wenn es geschneit hatte, sei er mit seinem kleinen Bruder auf den Schultern auf einem Schleichweg zur Schule gestapft, erzählt er. Aus Angst vor der berüchtigten Lawine *valanga delle gasse* habe man die steile Treppe aus Pflastersteinen gemieden, die vertikal durch den Ort führt und «die Gasse» genannt wird. Der Name stammt aus der Zeit, als Campello eine Walsersiedlung war und Kampel hiess. Walserhäuser gibt es keine mehr. Sie fielen den Naturkatastrophen zum Opfer, die den Ort immer wieder trafen. 1701 begrub eine Lawine den alten Kern, 1755 und 1781 richteten Sturzbäche Schäden an, der zweite zerstörte die alte Kirche. Am Aschermittwoch des Jahres 1843 mussten die Helfer machtlos zusehen, wie ein Feuer die Holzhäuser in Schutt und Asche legte, weil der eisige Wind das Wasser in den Schläuchen gefrieren liess.

Die Bedeutung der Erbpacht

Der Grund, warum Kampel allen Katastrophen zäh trotzte und immer wieder aufgebaut wurde, sind die grossen Matten, die sich weiter oben am Berg ausdehnen. Man bekommt sie zu Gesicht, wenn man zur Bocchetta di Campello und zum stillen Lago di Capezzone im Quellgebiet der Strona aufsteigt (Vorschlag 14a). Die Alpen gehörten einst dem Kloster San Graciniano in Arona. Es verpachtete sie den Walsern von Rimella (Remmalju auf Deutsch) im benachbarten Sesiatal. Im 15. Jahrhundert gab es einen bedeutsamen Wandel im Verhältnis zwischen Besitzern und Pächtern. 1448 willigte der Abt ein, die zuvor jeweils neunjährige Vertragsdauer in eine zeitlich unbegrenzte Erbpacht umzuwandeln. Für die Bauern lohnte es sich fortan, Verbesserungen vorzunehmen, die zu reicheren Erträgen und damit auch zu höheren Abgaben führten: Es war eine Win-win-Situation. Für die kirchlichen und weltlichen Grundbesitzer waren die alpinen Ländereien eine bedeutende Einnahmequelle. Die Siedler von Rimella zum Beispiel hatten jährlich einen Erbzins abzuliefern, dazu den Zehnten der Lämmer, Ziegen und Schweine sowie der Getreideernte und der Früchte.

Laut dem Historiker Enrico Rizzi war die Erbpacht in der Regel die Voraussetzung, damit sich die Walser dauerhaft niederliessen, Höfe bauten, den Wald rodeten und Felder und Wiesen urbar machten. Kampel, das anfänglich nur eine Sommeralp war, entwickelte sich

Oben: Der Kirchplatz von Campello. Die Treppe wird als Gasse bezeichnet.
Unten: Am Aufstieg zur Alpe Capezzone.

Blumenwiese unterhalb der Punta del Pizzo.

ab dem 14. Jahrhundert zu einer ganzjährigen Siedlung, wobei man annimmt, dass frühe Wintereinbrüche den Vorgang beschleunigten, die den Sennen die Rückkehr nach Remmalju abschnitten. Bis Campello 1816 eine selbstständige Gemeinde wurde, blieb es eine Art Filiale von Rimella. Die Campellesi besassen lange keinen eigenen Friedhof, sodass sie die Verstorbenen über die Bocchetta nach Rimella trugen. Oberhalb dieses Orts gibt es in steilem Gelände eine Kapelle mit dem Namen Toturaschtu *(posa dei morti)*. Die Trauergäste aus Campello machten hier jeweils noch eine Rast, wobei sie vom Pfarrer sowie von den Verwandten und Bekannten aus Rimella empfangen wurden. Dann legten alle gemeinsam die letzten Meter zum Friedhof zurück. Im April 1551 wurde als letzte Verstorbene Teresa Strambo so begraben. Dem nächsten Leichenzug soll per Zufall der Bischof begegnet sein. Er liess die Trauergemeinde umkehren und weihte in Campello eine erste kleine Begräbnisstätte.

Die Totenprozessionen machten auch auf der Passhöhe Pause, auf der Stronerfurku, wie die Bocchetta di Rimella auf Walserdeutsch hiess. King, der sie ebenfalls überquerte, war begeistert von der Aussicht, die die Lebenden hier geniessen. «Wir hatten nichts Besonderes erwartet, umso grösser war unser Entzücken, als wir vor uns die

Ziegen bei der Alpe Piana di Via.

ganze magische Kette des Monte Rosas erblickten mit allen Gipfeln von der Vincentpiramid bis zum Nordend, die mit unbeschreiblicher Grazie und Grandeur in den tiefblauen Himmel ragten.» Der Reverend fertigte an dieser Stelle jene Zeichnung mit dem Monte Rosa an, die er danach für das Frontispiz seines Reisebuchs *The Italian Valleys of the Pennine Alps* auswählte. Dieses trägt den (übersetzten) Untertitel «Eine Reise durch alle romantischen und weniger frequentierten Täler des nördlichen Piemont». Der Autor mied bewusst die Stationen, die zu seiner Zeit en vogue waren: Er verfasste den wohl ersten Alternativreiseführer. Als interessierter Reisender suchte er den Kontakt zu den Einheimischen. So erlebten er und sein Begleiter Delapierre in Campello Monti einen offenbar vergnügten Abend mit ihren zwei Wirtsfrauen. Diese waren zuerst misstrauisch gewesen, setzten sich dann aber mit grösster Selbstverständlichkeit zu ihren Gästen, um sie hartnäckig auszufragen und ihren Geschichten zuzuhören: «Das Zimmer war ein vollendetes Babel aus Schwatzen und Lachen bis zu sehr später Stunde; die zwei alten Ladys schrien so laut sie konnten, damit wir ihren italienischen Dialekt besser verstanden.»

Diese kräftige Buche steht bei Orcocco.

Keine Menschenseele

Die Gegend ist ein herrliches Wandergebiet mit romantischen und wenig frequentierten Wegen geblieben. Einer der einsamsten steigt zum Colle dell'Usciolo auf. Die Alpweiden werden immer noch bestossen. Sie seien sogar übernutzt, versichern die Einheimischen hinter vorgehaltener Hand. Wegen der Subventionspraxis der EU seien die Bauern versucht, die Zahl der Tiere über das gesunde Mass hinaus zu steigern, denn sie bekommen einen Sömmerungsbeitrag für jede Kuh, die mindestens zwanzig Tage lang auf der Alp grast. Die Subventionswirtschaft ist an die Stelle der traditionellen Subsistenzwirtschaft getreten. Gleich auf der anderen Seite des Passes ruht in einer Hochebene der Lago di Ravinella. Die Route folgt jetzt dem Sentiero Beltrami (s. Vorschlag Nr. 12) und steigt nach einer etwas schwierigen Passage angenehm durch das wilde Tal des Rio della Porta hinunter. Man begegnet keiner Menschenseele und erfreut sich im Sommer an den Heidelbeeren, die unbehelligt am Wegrand gedeihen. Von hier aus verläuft der lange Marsch nach Megolo grösstenteils im Wald. Ab und zu ergeben sich eindrückliche Ausblicke, zum Beispiel von Orcocco aufs Tocetal und später in die halsbrecherisch tiefen Gräben, die das wilde Gelände modellieren.

14 FORNO – CAMPELLO MONTI – MEGOLO DI MEZZO

Anreise/Start Zug ab Domodossola bis Omegna (Linie nach Novara). Bus nach Forno (VCO-Trasporti Linie 18, am Sonntag keine Verbindungen; vcotrasporti.it, Abfahrt auf Piazza Beltrami, 15 Min. vom Bahnhof).
Rückreise Bus (Comazzi) nach Domodossola
Karte Carta escursionistica 1:25'000 Nr. 16 (Val Strona)
Jahreszeit Ende Juni bis Anfang Oktober
Einkehren/Übernachten Forno: Albergo del Leone, albergodelleone.it; Campello Monti: Albergo La Vetta del Capezzone, Tel. +39 0323 885 113, und +39 0323 885 142; GTA-Etappenunterkunft im Schulhaus, Tel. +39 338 913 72 74 und +39 0323 89 544

1. ETAPPE FORNO – CAMPELLO MONTI
Wanderzeit 1½ Std.
Distanz 5½ km **Aufstieg** 430 m
Charakter Leichte, gut markierte Wanderung.
Route In Forno (840 m) beim Bushalt auf der Strasse 50 Meter abwärts, rechts auf die Strada Vecchia (Saumpfad). Dieser rechts (in Gehrichtung) der Strona aufwärts folgen. Oder schöner: Nach der Kapelle hinunter nach Preia. Durch die enge Hauptgasse zum Ort hinaus, über die Strona, am Sportplatz vorbei dem Weg folgen. Nach dem Bildstock oberhalb des Wasserfalls zurück über die Brücke auf die rechte Seite. Weiter auf der Strada Vecchia via Piana di Forno und Falda nach Campello Monti (1305 m).

2. ETAPPE CAMPELLO MONTI – MEGOLO DI MEZZO
Wanderzeit 7 Std. **Distanz** 13 km
Aufstieg 760 m **Abstieg** 1850 m
Charakter Bergwanderung mit wenigen ausgesetzten Stellen, ca. 600 Meter verbuschter Weg beim langen Abstieg.
Jahreszeit Ende Juni bis Ende September
Route Aufstieg via Alpe Orlo und Alpe Cunetta zum Colle dell'Usciolo (2037 m). Abstieg zum Lago di Ravinella. 600 Meter weiter nordwärts auf der GTA-Route, beim Schild rechts abzweigen, dem Sentiero Beltrami ins Tal des Rio della Porta folgen (A39a, dann A39). Unterhalb

Heidelbeeren beim Rio della Porta.

der Felsen von La Balma ist der Weg verbuscht, einzelne Markierungen sind erkennbar. Ab 1500 m ü. M. wird der Weg gut. Abstieg via La Porta, Orcocco und Alpe Ballo zur Alpe Castello. Hier zunächst auf der Zufahrtsstrasse rund 1 km abwärts, dann nach einer Linkskurve rechts in den Pfad (Abkürzung) bis Cortavolo. Zum Denkmal (Cippo di Cortavolo). Auf dem Pfad hinter dem Denkmal weiter absteigen bis zur Teerstrasse. Dieser 300 Meter abwärts folgen, oberhalb des Friedhofs auf dem Pfad ins Wohnquartier, über die Brücke, in die Via Pajetta, links durch die Via Turi zur Hauptstrasse von Megolo di Mezzo (215 m) mit der Bushaltestelle. Bar Circolo Operaio etwas weiter in der Via Pajetta.
Weiterwandern Kombinierbar mit Nr. 12 (mit Bus von Strona nach Forno).

14A RUNDWANDERUNG CAMPELLO MONTI 1
Campello Monti – Bocchetta di Campello – Lago di Capezzone – Campello Monti
Wanderzeit 4½ Std. **Distanz** 10 km
Aufstieg/Abstieg 900 m
Charakter Mittelschwere Wanderung auf guten Wegen in teils steilem Gelände.
Route Aufstieg auf der GTA-Route via Alpe del Vecchio zur Bocchetta di Campello (1924 m). Traverse nach Nordosten via Alpe Calzino zum Lago di Capezzone (2100 m). Abstieg zunächst auf gleicher Route. 200 m nach der Alpe Capezzone links zur Alpe Piana di Via und auf Z17 zurück nach Campello Monti.

14B RUNDWANDERUNG CAMPELLO MONTI 2
Campello Monti – Bocchetta dell'Usciolo – Santa Lucia – Campello Monti.
Wanderzeit 5½ Std. (4½ bis Forno) **Distanz** 11½ km
Aufstieg/Abstieg 1100 m
Charakter Mittelschwere Wanderung auf guten Wegen in teils steilem Gelände.
Route Aufstieg zum Colle dell'Usciolo (wie Etappe 2). Oberhalb des Lago di Ravinella rechts Richtung Alpe Ravinella (Z12) abzweigen. Abstieg auf der Mulattiera. Sie führt via Colletto nach Santa Lucia. Hier 150 Meter auf der Strasse abwärts, dann bei Cros da Mau kurzer Abstieg zur Strada Vecchia. Auf dieser zurück nach Campello Monti (wie Vorschlag 14, 1. Etappe) oder abwärts nach Forno zur Bushaltestelle.

Auf der Bocchetta di Campello.

FORNO – MEGOLO DI MEZZO | 231

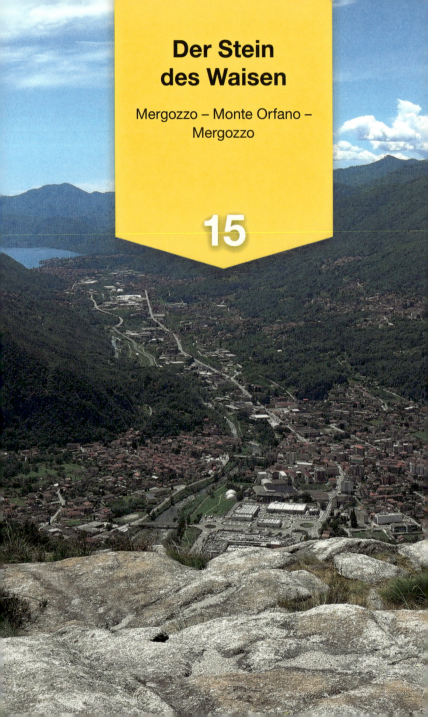

Der Stein des Waisen

Mergozzo – Monte Orfano – Mergozzo

15

Einsam steht der Monte Orfano in der Toce-Ebene. Er besteht aus weissem Marmor, der in zahlreichen Steinbrüchen abgebaut wurde. Wegen der strategischen Lage hat auch das Militär den Berg der Waisen erobert.

Monte Orfano bedeutet auf Deutsch Waisenberg, und er steht wirklich so einsam, isoliert und verloren in seiner Ebene wie ein Waisenkind. Der Toce umfliesst ihn im Westen und Süden und trennt ihn vom grossen Bruder Mottarone. Im Osten schlagen die Wellen des Lago di Mergozzo an den mit Kastanien und Buchen bewaldeten sympathischen Hügel. Man sollte diesen nicht unterschätzen. Vom Ufer des Sees bis auf den Gipfel auf 794 m ü. M. gilt es 600 Höhenmeter zu bewältigen: auf guten Wegen, die eine kupierte Rundwanderung ermöglichen. Unternimmt man diese von Mergozzo aus im Uhrzeigersinn, pilgert man am Anfang auf einem gepflasterten Weg mit Seesicht in einer Stunde nach Montorfano. Das einzige Dorf am Berg sonnt sich auf einer flachen Anhöhe im Süden. Durch den verträumten Ort rieselt zwischen Mauern ein Bach. Die Terrasse eines Grottos lädt zu einer Pause. Man kann diese kulturell anreichern und die romanische Kirche San Giovanni Battista besichtigen. Sie stammt aus dem Hochmittelalter. In der Mitte ragt eine achteckige Kuppel mit Dachreiter aus den in Kreuzform angelegten Steinmauern heraus. Eine grosse Nüchternheit und Strenge kennzeichnet die Anlage. An derselben Stelle gab es schon zwei Vorgängerkirchen. Bei Grabungen stiess man auf die Reste einer Taufkapelle aus dem 5. Jahrhundert. Es handelt sich um das älteste Baptisterium, das bisher im Eschental entdeckt wurde. Wahrscheinlich war San Giovanni der Ausgangspunkt zur Christianisierung der Region.

Der Monte Orfano ist ein verwundeter Berg. Er besteht aus körnigem weissem und sehr hartem Granit, der als Baumaterial für Kirchen, Spitäler und Paläste begehrt war. Er wurde auch im Strassenbau und für Mühlsteine verwendet und in immer grösserem Umfang abgebaut. Die berühmteste Lieferung bestand aus 82 Säulen zum Wiederaufbau der Basilika San Paolo fuori le Mura in Rom, die 1824 ein Feuer zerstört hatte. Im 19. Jahrhundert, dem Höhepunkt

Ausblick vom Monte Orfano Richtung Omegna.

des Abbaus, waren am Monte Orfano vierzig Steinbrüche in Betrieb. Sie prägten Region und Wirtschaft. Hunderte von Steinmetzen, Bergarbeitern und Fuhrleuten fanden Arbeit. Um die Steinblöcke zu brechen, schlugen sie Holzkeile in die in Reihen angeordneten Bohrlöcher und begossen sie mit Wasser. Der Druck des aufquellenden Holzes spaltete den Granit. Ab dem 18. Jahrhundert kam Schwarzpulver zum Einsatz. Heute ist nur noch die Cava Donna unterhalb von Montorfano in Betrieb.

Abenteuerlicher Transport

Einige der Baustellen waren mit Fahrwegen erschlossen, auf denen die schweren Brocken mit enorm soliden Ochsenkarren aus Eichenholz ächzend und wohl unter dem Fluchen der Kutscher weggeführt wurde. An anderen Abbruchstellen setzten die Arbeiter die Blöcke auf Schlitten und liessen diese über gemauerte Rampen in der Falllinie nach unten rutschen, gebremst von Seilen. Die Fracht wurde zum Lago Maggiore gebracht und nahm nun den Wasserweg. Die Schiffer ruderten die Boote ans Südende des Sees, dann glitten sie auf dem Fluss Tessin und dem Naviglio-Kanal ins Zentrum von Mailand. Bis zum Bau der Eisenbahn war dies die übliche Route für Frachten und viele Reisende. Auch der Marmor aus den

Bei Mergozzo ist der gepflasterte Weg von Trockenmauern eingefasst.

Blick auf den Golfo Borromeo mit der Mündung des Toce.

nahen Steinbrüchen von Ornavasso und Candoglia erreichte das Ziel auf dem Wasserweg. Der Toce war in jener Zeit bis oberhalb von Villadossola schiffbar. In Candoglia wird übrigens bis heute der gleiche rosarote Marmor für die Restauration des Mailänder Doms gebrochen, aus dem dieser weltweit grösste Marmorbau ab 1386 konstruiert wurde.

Der deutsche Lehrer und Romanist Christian Gottlieb Hölder, der 1801 mit seinem Begleiter auf einem Kohleschiff vom Lago Maggiore nach Mailand mitfuhr, beschrieb in seinem Tagebuch anschaulich den Betrieb auf dieser Transportroute. Beim Ausfluss des Sees kamen ihnen Boote entgegen, die in einer langen Reihe mit Stricken zusammengebunden waren und von Pferden gegen den Strom gezogen wurden: «Das mit Lumpen bedeckte Gesindel, welches einander zurief und die Pferde antrieb, die hier im Strome waten mussten, machte ein fürchterliches Geschrei.» Der Steuermann habe dann das Kohleschiff sehr geschickt zwischen den Klippen des Ticino durchgelenkt. Im seichten Wasser mussten die Deutschen auf das Heck klettern, «um die Schwere daselbst zu concentriren». Für das letzte Teilstück stiegen sie in das Postschiff um. Ein Pferd, das auf dem Treidelpfad am Ufer entlang galoppierte, zog es durch den Kanal. Unter den Passagieren waren Soldaten, alte Betschwestern mit Rosenkrän-

Diese Rampe diente für den Abtransport der Granitsteine.

zen, Kaufleute und Käsehändler. Dann kamen zwei originelle Musiker an Bord, die sogleich «eine Art Romanze» intonierten, während die Reisenden um Likör, Gebäck und Geld spielten: Hölder geriet in eine sehr lebendige italienische Reiseszene.

Bei Montorfano beginnt der Aufstieg auf den Gipfel. Man kommt zu verlassenen Steinbrüchen und zu einer alten Schlittenrampe. Sie ist so steil wie eine Sprungschanze. Man kann sich ausmalen, wie gefährlich es war, die Granitblöcke über die Steinpiste heil ans Ziel zu bringen. Auf dem höchsten Punkt des Monte Orfano leuchtet ein kahler Felsen wie eine Glatze. Von diesem Stein des Waisen aus hat man eine gute Rundsicht in die Täler und auf die Lepontischen Südalpen, von denen der Laie die wenigsten mit Namen kennt. Der Ortasee und der Lago Maggiore mit dem Borromäischen Golf im Vordergrund lassen sich blicken. Direkt unter dem Monte Orfano breitet sich als Kontrastprogramm zur Bergwelt die Industrie- und Gewerbezone von Gravellona Toce aus. Die Strona sucht sich den Weg zwischen Lagerhäusern, Parkplätzen, einem Motocrossparcours und der Autobahn, die der Fluss wie ein Joch unterqueren muss, bevor er in den Toce mündet.

Die Kirche San Giovanni Battista. Grotto am Bach in Montorfano.

Von strategischer Bedeutung

Wegen seiner strategischen Lage über dem Tocetal eroberte auch die Armee den Monte Orfano. In der Absicht, Italien gegen Angriffe aus dem Norden zu schützen, bauten Pioniertruppen ums Jahr 1900 Geschützstellungen und Kasernen. Vor und während dem Ersten Weltkrieg wurden die Anlagen erweitert und in das Verteidigungswerk der Linea Cadorna einbezogen. Beim Abstieg trifft man auf die Ruinen eines Munitionsdepots (Polveriera), dann auf die Reste einer Kaserne. Dazwischen folgt man der alten Militärstrasse. Mit ihren Haarnadelkurven und Drainagen gilt sie als Meisterwerk der Strassenbaukunst. «Die gekonnte Bearbeitung der lokalen Steine zeugt davon, wie sehr für den Bau der Linea Cadorna die Erfahrung einheimischer Handwerker beigezogen wurde», würdigt ein Bericht das Werk. Mergozzo, in das man nach der Umrundung des Monte Orfano zurückkehrt, verdankt seinen Namen dem warmen Nordwind, der am liebsten in der Nacht weht. Es ist ein kleines Städtchen mit gut 2000 Einwohnern, besitzt aber reizvolle Gassen sowie die Uferpromenade mit Blick auf den See, der einst Teil des Lago Maggiore war.

15 MERGOZZO – MONTORFANO – MONTE ORFANO (GIPFEL) – MERGOZZO

Anreise/Start Regionalzug (Richtung Mailand) ab Domodossola bis Station Mergozzo
Rückreise Zug ab Station Mergozzo oder VCO-Bus ab dem Zentrum
Wanderzeit 4½ Std. **Distanz** 11,5 km
Aufstieg/Abstieg 600 m
Charakter Technisch leichte Wanderung mit einigen steileren Stellen. Oft im Wald.
Jahreszeit April bis November
Einkehren Montorfano: Grotto; Mergozzo: mehrere Restaurants
Karte Carta escursionistica 1:25'000 Nr. 17 (Mottarone)
Sehenswert Mergozzo: Civico Museo Archeologico, Via Roma 8. Das kleine Archäologiemuseum gibt Einblick in die traditionellen Methoden zum Granitabbau (ecomuseogranitomontorfano.it).
Übernachten Montorfano: B&B Baitasole, Tel. +39 0323 80 00 05; Mergozzo: Hotel due Palme, hotelduepalme.eu
Route Von der Station (ca. 210 m) zur Hauptstrasse, 100 Meter Richtung Mergozzo-Zentrum, rechts in die Querstrasse, vor der Unterführung links auf dem Grasweg dem Bahndamm folgen, über die Strasse, geradeaus weiter zur nächsten Unterführung. Durch diese auf die andere Seite der Bahn in die Via Cascine al Sasso. Durch das Wohnquartier bis ans Ende der Stoppstrasse. Hier kurz links aufwärts, bei der Kapelle nach rechts in den Naturweg. Beim gelben Haus links durchs Quartier ansteigen. Am Ende des Hartbelags rechts in den Hohlweg. Er führt an den Fuss des Monte Orfano und ist gut markiert (Sentiero Azzuro). Beim Wegweiser Richtung Montorfano Paese (A56). Hier Aufstieg zum Gipfel (794 m). Abstieg zunächst nach Südwesten. Auf rund 600 m Abstecher nach links zur Polveriera (Aussicht). Nun auf dem Militärsträsschen bis oberhalb der Kaserne. Geradeaus (nach Norden, A58) und zurück nach Mergozzo. Zum Bahnhof durch die Strada Vecchia rechts der Hauptstrasse.

Einer von vielen Bächen am Weg.

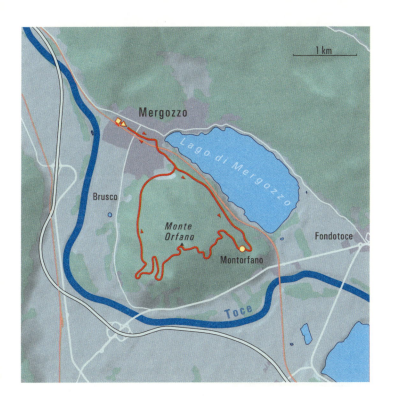

MERGOZZO – MERGOZZO

15A MERGOZZO – CAPPELLA DI ERFO – ROVEGRO – SANTINO – INTRA

Abwechslungsreiche Tour im Hinterland von Mergozzo und Verbania mit einigen Dörfern und schönen Abschnitten auf Maultierwegen

Anreise/Start Wie Nr. 15
Rückreise VCO-Bus ab Intra Richtung Domodossola. Ab Santino an Werktagen (wenige) Busverbindungen nach Intra.
Wanderzeit 6 Std. **Distanz** 17 km
Aufstieg/Abstieg 730 m
Charakter Technisch leichte Wanderung auf meist guten Wegen, nicht durchgehend markiert.
Karte Carta escursionistica 1:25'000 Nr. 17 (Mottarone) und Nr. 15 (Alto Verbano)
Einkehren Rovegro: Bar (Cerchio) im Zentrum
Route Vom Bahnhof Mergozzo (ca. 210 m) über die Hauptstrasse, kurz links, dann rechts in die Strada Vecchia. Auf dieser parallel zur Hauptstrasse Richtung Ortszentrum. Nach 300 Metern links in den «Sentiero per Candoglia» aufsteigen. Nach 15 Min. rechts in den undeutlichen Pfad Richtung Bracchio abzweigen (Holzschild). Bei der Einmündung in den grösseren Weg links halten zu den Wohnhäusern. Dann rechts auf der Naturstrasse bis zur Brücke am Ortseingang. Direkt nach der Brücke rechts vom Strässchen weg in den Wald. Auf dem Pfad (er ist auf der Karte nicht eingezeichnet) unterhalb der Villen durch in die Via Zanotti und zur Kirche von Bracchio. Auf dem nun markierten Weg (A54) das Dorf zunächst nach Norden, dann Osten verlassen und zur Cappella di Erfo (ca. 700 m, Rastplatz). Am Nordhang des Monte Castello via Alpe Monte nach Rovegro. Das Dorf auf halber Höhe nach Süden verlassen. Den gelben Markierungen folgend zum Oratorio di Santino, weiter auf dem Kreuzweg nach Santino absteigen. Aufstieg auf dem Teersträsschen nach Bieno. Bei der Ampel über die Hauptstrasse, geradeaus weiter, nach 100 Metern links in den Weg auf der Nordwestseite des Monte Rosso (P00c, weisse Markierungen). Nach ca. 3 km (Höhe ca. 380 m) links abzweigen (Stelle ohne Wegweiser!). Durch den Bosco del Littorio zum Torrente San Bernardino absteigen (P00).
Auf der Brücke über den Torrente nach Intra. Beim Kreisel in die Via Farinelli, dann rechts durch den Viale San Giuseppe und die Via Rosmini ins Zentrum am Seeufer (ca. 200 m, Busstation).

Oben: Die Hauptgasse mit der Kirche von Bracchio.
Unten: Kreuzweg am Abstieg nach Santino.

DIE LEPONTIER UND IHRE ALPEN

Man kennt nördlich der Alpen die Helvetier und hat vielleicht von den Etruskern gehört. Das antike Volk der Lepontier ist in der Deutschschweiz aber kaum bekannt. In der Literatur tauchen höchstens die Lepontischen Alpen auf. Sie sind ein Anhaltspunkt, denn ihre Ausdehnung entspricht dem ehemaligen Siedlungsgebiet der Lepontier. Dieses umfasste das obere Rhonetal, die Ossolatäler, das heutige Tessin und das Misox. Im Süden reichte es bis in die Gegend von Como. Der Name der Leventina leitet sich von Lepontien her.

Die schriftlichen Zeugnisse zeitgenössischer Autoren über die Lepontier sind ebenfalls eher knapp. Immerhin waren sie dem griechischen Astronomen und Geografen Claudius Ptolemäus bekannt. Er nannte das antike Oscella, das heutige Domodossola, als ihren Hauptort. Der römische Feldherr und spätere Kaiser Julius Cäsar erwähnt in seinem in der Mitte des 1. Jahrhunderts v. Chr. verfassten Bericht über den Gallischen Krieg *Commentarii de bello Gallico* das Volk ebenfalls. Aufgeführt ist es ausserdem auf dem «Tropaeum Alpium», dem römischen Siegesdenkmal in La Turbie in Südfrankreich: zusammen mit 45 anderen Alpenvölkern, die die Römer in jenen Jahren unterwarfen mit dem Ziel, den militärischen Durchgang und die Handelswege über das Gebirge zu sichern. Das war unter Kaiser Augustus im späten 1. Jahrhundert vor Christus und bedeutete das Ende der Lepontier als selbstständigem Volk mit eigener Kultur.

Die heutigen Kenntnisse beruhen zum grossen Teil auf archäologischen Gräberfunden, wobei die ältesten ins 7. vorchristliche Jahrhundert zurückreichen, in die frühe Eisenzeit. Der italienische Archäologe Enrico Bianchetti entdeckte 1895 eine bedeutende Nekropole mit über 300 Gräbern in den beiden Orten San Bernardo und In Persona in der Nähe von Ornavasso. Sie müssen zu einem stattlichen Dorf gehört haben. Die Grabbeigaben aus dem 2. und 1. Jahrhundert v. Chr. lassen darauf schliessen, dass die Gesellschaft schon von den Römern beeinflusst und in Schichten unterteilt war. Über ihre Siedlungsformen und die religiösen Vorstellungen gibt es nur Vermutungen, da bisher kaum Überreste von Dörfern, Heiligtümern oder Ritualplätzen zum Vorschein kamen. Eine Ausnahme bildet der *tempietto lepontico*, der kleine lepontinische Tempel aus dem 1. Jahrhundert v. Chr., in der Fraktion

Roldo in Montecrestese. Er gilt als einziges überliefertes Beispiel von heidnischer religiöser Architektur in den Alpen und war möglicherweise einem Sonnengott gewidmet (Wanderung 6b).

Auch die im Tessin und im Misox gefundenen Schmuckstücke, Fibeln, Waffen, Münzen und Tongefässe bezeugen eine handwerklich hochstehende Kultur. «Die reich verzierten Objekte aus Bronze oder Eisen und die formal äusserst vielfältige Keramik aus dem 6. bis 1. Jahrhundert v. Chr. gehören wohl zum Feinsten, was aus der bronze- und eisenzeitlichen Schweiz erhalten ist», schrieb die Neue Zürcher Zeitung zu einer Ausstellung im Schweizerischen Landesmuseum, das eine Sammlung lepontischer Fundstücke besitzt. Im Piemont dokumentiert das Museo del Paesaggio in Verbania die Kultur der Lepontier. Dort sind auch die Funde von Ornavasso aufbewahrt.

Das Historische Lexikon der Schweiz bezeichnet die für Grabbeigaben verwendeten prestigeträchtigen Materialien (Bronzegeschirr, Bernstein, Korallen) «als Ausdruck einer bemerkenswerten wirtschaftlichen und kulturellen Entwicklung, die durch die Kontrolle der Alpenübergänge und Handelsströme ermöglicht wurde». Die Lepontier waren das Bindeglied im Handelsverkehr zwischen den Etruskern im Süden und den Kelten im Norden. Sie

Lepontischer «Tempel» in Roldo.

nahmen Einflüsse von beiden Seiten auf. So zählt ihre Sprache zur keltischen Familie, während sie gemäss dem «Alphabet von Lugano» schrieben, das sich von den etruskischen Zeichen ableitet. Die in Gräbern und auf Münzen gefundenen Inschriften gehen bis auf das 6. Jahrhundert v. Chr. zurück: Es sind die frühesten erhaltenen schriftlichen Zeugnisse aus dem Gebiet der heutigen Schweiz.

BILDNACHWEIS

BLS: Seite 23

Urs Bolz: Seite 14/15, 88, Vorsatzbild hinten

Fotograf unbekannt: Seite 53, 83, 116, 117, 201, 203, 217

Alle anderen Bilder: Peter Krebs

Kartenausschnitte: Schweizer Wanderwege, Bern

Bild Nachsatz: Die Piazza Mercato,
das Zentrum von Domodossola.

DER AUTOR

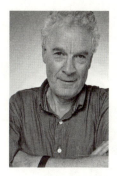

Peter Krebs arbeitet als Journalist, Autor und Reiseleiter. Von 1998 bis 2007 leitete er das Bahn-Magazin «Via», anschliessend war er Chefredakteur des VCS-Magazins. Peter Krebs verfasste zahlreiche Wanderbücher, Sachbücher und Kurzgeschichten. Er ist Gründer und Präsident des Vereins Sentieri Ossolani, der mithilft, vom Verfall bedrohte Wanderwege instand zu stellen – auch solche, die das Buch beschreibt. www.peterkrebs.ch

Von Peter Krebs im AS Verlag erschienen:

Das «Wander ABC Schweiz» macht 26 Tourenvorschläge in der ganzen Schweiz. Gleichzeitig informiert es von A bis Z über Gegenstände und Zustände, die das Wandern prägen und bereichern: vom Abenteuer über das Edelweiss, die Romantik und die Schulreise bis zur Zahnradbahn. Das Buch steht unter dem Motto «Achtung, Gehen kann glücklich machen.» Es ist auf 220 Seiten mit schönen Bilder illustriert.

Wander ABC Schweiz
Von A wie Abenteuer
bis Z wie Zahnradbahn
220 Seiten, zahlreiche
Abbildungen in Farbe
13 x 19 cm, Hardcover
ISBN 978-3-906055-36-7